Anonymous

# Masaniello von Neapel

original Trauerspiel in fünf Aufzügen

Anonymous

**Masaniello von Neapel**
*original Trauerspiel in fünf Aufzügen*

ISBN/EAN: 9783743424722

Hergestellt in Europa, USA, Kanada, Australien, Japan

Cover: Foto ©ninafisch / pixelio.de

Manufactured and distributed by brebook publishing software
(www.brebook.com)

Anonymous

**Masaniello von Neapel**

Original-Trauerspiel

in

fünf Aufzügen.

# Personen.

---

Herzog von Arkos, Vicekönig von Neapel.
Olivie, dessen Gemahlin.
Herzog von Matalone }
Herzog Gregorio } Gebrüder Karaffa.
Prinz Tiberio Karaffa, Feldmarschall der Truppen.
Kardinal Filomarino.
Masaniello, Anführer der Empörung.
Marie, dessen Frau.
Franz, ihr Sohn.
Laura, ihre Mutter.
Genuino, }
Peronne. } Masaniello's Räthe.
Ardizzone, Hauptmann der Ottine.
Bediente.
Wache.
Volk.
Banditen.

---

Er-

# Erster Aufzug.

(Neues Kastell, Wohnung des Vicekönigs.)

---

## Erster Auftritt.

Vicekönig. Herzog von Matalone.

### Vicekönig.

Verzeihen Sie mir, Herzog! der Verdacht war ungegründet. Entschuldigen Sie mein Verfahren mit der Pflicht meines Dienstes, die jede Vorsicht erfodert. Der Verlust war ansehnlich; der Abt Amitrano in gegründetem Verdacht, und Ihr vertrauter Freund.

Matal. Entschuldigen Sie Sich nicht weiter, Vicekönig! Dieß Geständniß ist mir genug. Ich will Ihnen zeigen, daß ich keinen Groll hege; kann ich bei gegenwärtigem Aufstande et=

was zu Ihrem Besten thun, so befehlen Sie über mich.

**Vicekönig.** Sie werden mich verbinden, wenn sie dem Volke einen Vergleich antragen wollen. Es soll seine Forderungen vorbringen. Ich will nachlassen, so viel mir möglich ist, so viel ich thun kann, ohne meinem Monarchen zu nahe zu treten. Ich sehe, daß ich's mit Strenge nicht mehr zwinge. Sie werden in Ihrem Pallaste Ihren Bruder antreffen. Er ist ebenfalls frei.

**Matal.** Dank Ihnen auch dafür! Sie sollen von nun an die wärmsten Eiferer für sich in den Karaffa's finden. Ich höre, dieser Mafaniello sei zu fürchten. Ich will suchen, ihn ungefährlich zu machen. Ich gehe gleich dem Markte zu. (ab.)

# Zweyter Auftritt.

### Vicekönig, hernach Genuino.

**Vicekönig.** Dieser Mafaniello ist zu fürchten. Das sagt jeder, das glaubt jeder; und ich soll mich blenden lassen, es auch zu glauben. Das Glück hat wieder seine Launen, hob ihn aus dem Staub des verworfensten Haufens, schleuderte ihn auf eine Höhe, wo er nur — schwindeln und fallen kann. Mafaniello wirke nur; du wirkst zu meinem Besten. Verborgene Macht bedient sich oft des Wurms, der unbe=

deu=

deutend auf der Erde kriecht, um große Zwecke
zu reifen. Das Volk erhält durch einen Mann,
an dessen Leben nichts liegt, Befreiung von La=
sten, die ich ihm nicht nehmen kann, ohne mei=
nem Glanze zu schaden. Jetzt fällt alles auf
den Adel. Seine Schätze zerstieben, theilen
sich in den allgemeinen Haufen, der mir sie
zuführt. Nur fein den Faden gesponnen, Ar=
kos, daß keine Seele ihn denke, den Gedanken,
wie willkommen mir diese Empörung sei. Ma=
talone, Karaffa, Masaniello, alle müssen fal=
len —— (Genuino tritt ein.) Ha! Genuino, ich
ließ Euch winken.

**Genuino.** Der Wink von meinem Herrn
war mir Befehl.

**Vicekönig.** Sind alte Pflichten durch neue
noch nicht ganz verdrängt? Wohlan, tretet nä=
her. Ich hab' euch etwas zu sagen.

**Genuino.** Nur kurz, gnädigster Herr! denn
lange darf man sich von Masaniello's spüren=
dem Auge nicht entfernen. Es dringt in die
geheimsten verborgensten Winkel. Es dient ihm
statt aller Sinne; läßt ihn hören, was der
Mund nicht spricht; fühlen, was die Hand nicht
berührt. Sein Argwohn ist schon Tod.

**Vicekönig.** Und das können in Wahrheit
wackre Männer aus Neapel sagen? Ein Fischer
wagt es ein Netz zu werfen, und alle sind um=
schlungen. Nun gaffen sie zu den Löchern her=
aus, und streckt einer den neugierigen Kopf zu

weit hervor, so nimmt ihn der Fischer auf einen Hieb, und wenn es Neapel's Stolz wäre.

Genuino. Ein Fischer, immer nur Fischer,
aber von hunderttausend Menschen umgeben,
die ihm mit strengerem Gehorsam gehorchen, als
jemals Unterthanen einem Herrn bezeigten, —
ist zu gefährlich, um sich zu rühren, zu bedeutend, um sich zu widersetzen.

Vicekönig. Und wie lange wird der Ge-
horsam dauern? Ketten Liebe, Wohlthätigkeit,
Gerechtigkeit und Nachsicht ihn an Volk und
Freunde?

Genuino. Ans Volk? Ja! — an seine
Freunde? — Nein! Er giebt nur, wo man
fodert — ist nur zufrieden, wenn man seiner
Pflicht ein Genüge geleistet; belohnt nur, wenn
man mehr als Pflicht gethan. Kann man das
wohl oft von sich sagen?

Vicekönig. Also blinder Eifer, der schnell
zerstiebt, wie er schnell aus Luft entsprang. Und
nun zum Werk, Genuino! Wenn Masaniello
nicht mehr ist, wird Arkos noch seyn, wird
mit dem vollen Glanz, der ihn umgab, auf
jeden noch mildes Wohlthun strahlen, doch
auch sehr scharf den Aufruhr ahnden können.
Wär's in dieser nahen — gewiß sehr nahen
Zeit nicht vortheilhafter für Euch und Andere,
wenn der Herzog sie Freunde nennte? Ihr, ein
Mann von Kopf, habt Euren Kopf geliehen,
einer Rotte, die ihn benutzt, dann Euch ver-
lacht, und Euren gewissen Fall befördert. Wahr

Ist's

iſt's, ein Fiſcher, der einen ſolchen Fang gethan, kann viel von ſeinem erhaltenen Fang
verſprechen, auch wohl geben; doch niemals zum
Behalten geben. Fällt er, wie er denn gewiß fallen muß, ſo fallen mit ihm, die nur einen einzigen kleinen, den kleinſten Odemzug für ihn hauch-
ten, wäre er auch im verborgenſten Winkel ge-
hauchet geweſen. Merkt, daß ein Körper ohne
Haupt ein todtes Weſen iſt, daß ein ſchwaches
Haupt auf einem Körper von Rieſengröße gerade
ſoviel als kein Haupt iſt; merkt endlich, daß Maſaniello, den ihr ſo nennt, weit ſchwächer, als der
Blödſinnige iſt, der im Tollhauſe ſeinen Aufenthalt fand.

**Genuino.** Nichts weiter, gnädigſter Herr!
nichts um mich zu überzeugen. Ich höre Ora-
kelſprüche, bin beſiegt, und ganz zu den Dien-
ſten des Vicekönigs. Ich will ſogleich ——

**Vicekönig.** (raſch ins Wort fallend.) Ich will!
Ihr müßt nicht wollen. Euer Wille könnte meinen Planen gerade widerſprechen. Mir iſt nichts
damit gedient, daß ihr von Maſaniello abtrün-
nig werdet; nichts damit, daß Tauſend zugleich
mit euch auf meine Seite treten. Ihr ſollt ihm
jeden Augenblick zur Seite, wachſam zur Seite bleiben; ihr ſollt das Feuer des Aufruhrs
unterhalten; ihr ſollt es mehren; ihr ſollt
Euren ganzen Geiſt nur dazu anſtrengen, daß
Maſaniello's Wuth ſich ſtärke, daß ſie Grauſen
bis zur Verzweiflung unter den Adel bringe,
daß ſie dem Volke blutige Rache gegen dieſen
einhauche. Das ſey die Morgengabe einer Herr-

ſchaft, die wie der Sturm ſich hob, wie er ver-
fliegt. Von allem, was vorfällt, erwarte ich
in wenig Worten, oder in klugauserſonnenen
Zeichen kurze Nachricht. Jetzt geht, — um Ein
Uhr ſeh ich Euch). (Genuino ab.)

# Dritter Auftritt.

### Vicekönig, hernach Olivie.

**Vicekönig.** Die Herzogin bleibt lange. Ich
zitt're vor ihrer Ankunft. Ihr Stolz iſt mir
fürchterlicher, als der ganze Aufruhr, ha! da
kommt Sie — bleich!

**Olivie.** (ſchwermüthig.) Guten Morgen, Arkos! Vicekönig des großen Neapolitaniſchen
Reichs! Weh, ich träume wieder! Guten Morgen Oliviens Gemahl! (entſchloſſen.) Bald, Herzog, werden Sie nichts mehr ſeyn, als das.
(bitter.) Schläft ſichs denn als Herzog und Herr-
ſcher ſanft in einer verſchloſſenen engen Veſtung?

**Vicekönig.** (ſtolz.) Mir das, Olivie? Mir?
Gemahlin!

**Olivie.** (mit gleichem Tone.) Keinem ſonſt,
als Ihnen.

**Vicekönig.** (nachgebend.) Bedenken Sie doch,
daß das Geſchick ſehr oft den ſchlimmſten Anſchein
zum Beſten wendet. Genug davon! Sie ruhten
wohl ſchlecht in dieſer Wohnung?

**Olivie.** (ſchwärmeriſch.) So wie man's nehmen
will! Ich ſuchte einſt in einer fürchterlichen Nacht

Ru-

Ruhe. Die tobende Natur begleitete des vorigen Monarchen letzten Seufzer. Die Elemente schienen sich kühner zu widersetzen. Er war meines Vaters entschiedener Freund und einzige Stütze. Ein Königs = Freund kennt weiter keine Freunde; oft nannte auch der Monarch meinen Vater die rechte Hand der Monarchie. Mit diesem letzten Seufzer scheiden von uns alle die Freuden, alle die Ehre, die er über uns so reichlich ergossen. Konnt' ich schlafen?

**Vicekönig.** Wozu die traurigen Erinnerungen? Die Zeiten sind vorüber. Seitdem lachten Ihnen ja tausend neue Freuden. Glänzte Ihr Haus nicht heller unter Arko's Flügeln, als es je schimmerte?

**Olivie.** Das eben ist es, was ich beweinen werde.

**Vicekönig.** Sie! beweinen?

**Olivie.** Beweint habe — so hätt' ich sagen sollen. Wie hätte wohl irgend etwas das Andenken an jene Nacht mir wieder hervorrufen können, als diese jetzt verfloßne, die mir so grausend, und so sicher den Sturz von der neuen Höhe prophezeihte!

**Vicekönig.** Wie Sie doch träumen, Liebe!

**Olivie.** Ganz richtig, Träume waren es, die mein Blut heute in Wallung brachten. Herzog Arkos, der Vicekönig von Neapel, lag gebunden in einer Fischerhütte, und schlief ruhig, — unbesorgt — ich wachte! weinte! (rasch.) Sahn Sie mich schon weinen?

Vie

**Vicekönig.** Nein! Das kann Olivie auch nur im Traum.

**Olivie.** Sie kann es wachend; aber nur Einmal, nur heute weinte ich. Ich werde es nicht mehr — nie — ich ſchwöre — Herzog. —

**Vicekönig.** Und ich ſchwöre Ihnen, daß ich jede Ihrer Thränen blutig rächen will. ——

# Vierter Auftritt.

### Prinz Tiberio Karaffa. Die Vorigen.

**Vicekönig.** Was bringen Sie, Prinz?

**Prinz.** Wenig zu Ihrem und unſerm Beſten. Mit dem Morgen vermehren ſich die Schrecken, die die Nacht erfüllten. Jede Straße wimmelt; jeder der Boten, die ich ſende, bringt mir neue Beſtätigung des Wachsthums der Empörung; der Anführer Maſaniello winkt, und Tauſend ſtehen wie vom Donner gerührt; ſein zweiter Wink gebietet, und Tauſend fliegen auf die Bahn ſeines Blicks.

**Vicekönig.** Sie ſahen ihn?

**Prinz.** Noch jetzt.

**Vicekönig.** Wer war ſeiner Seite am nächſten?

**Prinz.** Wer anders, als Genuino, dem Gift im Auge blitzt. Maſaniello's Wahl hätte nicht beſſer fallen können. Er war einſt Eletto des Volks, kennt alle Rechte deſſelben, und ſein Kopf fließt von Ränken über. Sein Nachbar ist Perrone, Banditenhauptmann ehedem, der ausführt, was sie denken; der zu brauchen ist, wo Dolchstiche mehr wirken, als Kopf.

**Vicekönig.** Und seit wann fürchtet man Banditen?

**Prinz.** Sie nicht; den, der sie führt. Der Herzog von Matalone ist jetzt bei ihm, er soll ihn sehr stolz empfangen haben. Er denkt groß, blickt tief, späht ins Innerste. Heute wird er auf dem großen Markte, als Oberhaupt des Volks bestimmte Treue fordern, und ihm Gesetze geben.

**Olivie.** (stolz auffahrend.) Gesetze in Neapel zu geben wagt ein Mann? und heißt mit Namen nicht Arkos! Ha der Schande! Herzog! Arkos! Erwach aus deinem Schlummer; Vicekönig! — Jetzt träumen Sie gewiß. Sie können dulden, daß man Gesetze giebt? O wär' ich Mann, und wär' ich Herzog! Schneller wollt' ich diesen Sturm dämpfen, als der Orkan das stille Schiff erreicht, das dem friedlichen Hafen zueilt. So bin ich Weib — aber doch Arkos Weib; und wo der Herzog schlummert, will ich nicht träge den Geist in Ruhe wiegen. Unser Vorzug soll List seyn. Man thut uns Unrecht. Er ist Geistesgröße. Schlaft, Helden Neapels, ein Weib, wird euch retten. (ab.)

**Vicekönig.** Sie schwärmt, die Stolze. Ihr Geist verdient Kronen, aber ins Mark der Politik dringt er nicht. Mag sie wirken, was sie sich zutraut; wir wollen dem kühnen Strome ent=

entgegen arbeiten, damit er uns nicht fort=
reiſſe.

**Ein Bedienter.** Kardinal Filomarino iſt
vorgefahren, — wünſcht gleich vorgelaſſen zu
werden.

**Vicekönig.** Er kommt erwünſcht. — Ins
Spiegelzimmer — ich werde gleich erſcheinen.
(Bedienter ab.)
Sie gehn mit, Prinz. Ich will den Kardinal
an's Volk ſenden. Filomarino iſt ein Mann, der
zu brauchen iſt; ein Mann der Ehrfurcht wirkt;
ein Mann, dem ſelbſt Rebellen huldigen.

# Fünfter Auftritt.

## Marktplaß.

### Maſaniello. Genuino. Perrone. Zug des Volks.

**Maſan.** Völker Neapels! endlich find' ich
mich am Ziele, das ſchon Jahre lang meine
Wünſche beſchäftigt. Mit welcher Wonne nenn't
ich Euch noch Brüder, würd' ich Euch an mei=
nen Buſen drücken, wenn ich die Schäße der
Welt erobert hätte, wenn ich ſelbſt König von
Neapel wäre. —

**Einer aus dem Volke.** Sey unſer Kö=
nig! —

**Alle.** Einſtimmig nennen wir Dich König,
Blut und Leben ſei Dein!

**Ma=**

**Masan.** (winkt ihnen still zu seyn.) Mit nich⸗
ten! — Spaniens Monarch ist Euer König.
Euer Oberhaupt hier in Neapel ist der Vicekö⸗
nig, Herzog von Arkos. Ich bin nur der Be⸗
schützer von Euren Rechten. Dreifach weh dem
Mann, auf dessen Seele Aufruhr ruht! Em⸗
pörer würd' ich mit eigner Hand erwürgen. Ich
würde mein Herz durchbohren, wenn ich empö⸗
rende Gedanken, nur den Keim dazu, in ihm
verborgen fände. Erhoben vom geringsten Stan⸗
de bis zur Höhe eines Herrschers, will ich nur
herrschen, um Gerechtigkeit zu üben; befehlen,
um den Schwachen vom Druck des Stärkern
zu befreien; strafen, wo zu strafen Wohlthat
ist; Euch will ich Freiheit erkämpfen, aber nur
Freiheit vom Druck. Noch ist nicht alles geen⸗
det — Gefahr begleitet jeden Schritt, den wir
thun. Klugheit muß der Macht immer noch
zur Seite stehen. Deswegen fordre ich Gehor⸗
sam — fordre ich ihn blind, grenzenlos. Ver⸗
sprecht Ihr mir den?

**Volk.** Ja! —

**Masan.** So schwört!

**Volk.** Wir schwören!

**Masan.** Und nun erklär' ich mich feierlich,
daß der Eid Euch nur so lange bindet, bis die
Lasten gehoben sind, die man so unerträglich
auf Euch gewälzt. Sind die Auflagen von Euch
genommen, so sind Eure vorigen Pflichten er⸗
neuert, und ich nichts, als der Fischer Masa⸗
niello, der ich war. Um aber unsern Zweck

zu erreichen , müffen Eure Bedrücker fühlen,
mit wem fie es zu thun haben. Hier ift eine
Lifte der Palläfte, die Wucherer von eurem
Schweiß, und von dem Schweiß Eurer ärmen
Vorfahren, die fchon frei von der martervollen
Laft im Grabe ruhen , erbaueten, die fie, vom
Mark aus ihren Knochen erpreßt , zierten; —
Das Blut, das aus ihren Adern gefogen; an
ihnen klebt, foll Rache zu dem hinauf lodern,
der Menfchen gebot , menfchlich zu feyn. Alle
diefe follen den Flammen geopfert werden, und
dieß Opfer wird der billigen , der Menfchen,
auch Menfchen zur Strafe fchuf. Aber keiner
nehme des Raubes etwas. Gold und Koftbar-
keiten bringt zu mir. Sie follen der Schatz
werden, aus dem ich Neapels Freiheit zahlen
will. Alles Andere fei Opfer der Flamme; Der
geringfte Diebftahl wird mit dem Tode beftraft.
Keiner von Euch zeige Mitleiden. Ihr rächt
Eure Mitbrüder unter Euren Vorfahren. Jetzt
geht, vertheilt Euch! und daß ich in kurzem
die Flammen gerechter Rache gewahr werde!

**Volk.** Brennen follen alle Wohnungen der
Wucherer. (Das Volk zerftreut fich hie und dorthin.)

**Perrone.** Und von dem Schatze, der Dir
nicht fehlen kann, wirft du nun auch Dich und
Deine Freunde bedenken.

**Mafan.** Laß ihn fahren, Perrone, diefen
niederdrückenden Gedanken. Männer, die, wie
wir, am Wohl eines ganzen Volks arbeiteten,
die wie wir fo glücklich waren , Retter deffelben

zu werden, müssen Gold verachten, und von
Ehre und Seelengröße sich nähren. Genuino,
was waren die Bedingungen, die Du dem Her=
zog von Matalone auflegtest, wenn er Volk und
Regierung versöhnen wollte? Ha, die Freude
war groß, den ersten von Neapels Edlen bit=
tend vor mir zu sehen.

Genuino. Ich verlangte das Originalpri=
vilegium Karls des Fünften in unsere Hände,
und er versprach's mir. Ich verlangte dessen
erneuerte Bestätigung und Abschaffung des Mehl=
und Fruchtzolls, auch aller seitdem aufgelegten
Abgaben. Er versprach mir alles, und das
mit einer Gewißheit, daß ich vermuthen konnte,
er habe schon Sicherheit deswegen. Erfüllt er
nicht jedes, Masaniello, so liegt die Schuld
nicht am Vicekönige; an ihm und an dem Adel
liegt sie, der da fürchtet, das Volk möchte sich
aus dem Staube erheben, in den sie es immer
tiefer treten.

Masan. O! ich weiß es, daß sie die Gei=
ßel des Volks sind; deswegen aber traue ich
dem Vicekönige nicht mehr, (Man hört Musik und
Trommeln.) Was ist das?

Petrone. Der Herzog von Matalone kommt.
Feierlich begleitet ihn eine Leibwache des Vice=
königs, und ein Zug des Volks. —

(Der Zug zieht heran. Matalone grüßt Masaniello.)

B 2        Sechs=

# Sechster Auftritt.

**Herzog von Matalone. Die Vorigen. Volk. Soldaten.**

**Masaniello.** Willkommen Herzog von Matalone! aber nur willkommen, wenn Sie bringen, was das getreue Volk von Neapel verlangte.

**Matalone.** Ich bringe alles. Ich habe jeden Punkt meines Versprechens erfüllt; wir wollen alle Frieden.

**Masan.** Diesen zu machen, Herzog, sei das Volk zwischen uns, und richte zwischen uns. Ihre bewaffneten Begleiter sind mir verdächtig. Entfernt Euch! (Die Soldaten gehen ab.)

**Matal.** Ihr habt nichts zu fürchten, Masaniello! Ihr habt nichts zu fürchten! Völker Neapels! Arkos, Euer Vicekönig, will Euch wohl! Ich liebe Euch, und immer noch war ich euer Liebling. Wie froh bin ich, daß ihr mir Eure Rettung danken werdet.

**Masan.** Nicht so viel Umschweife, Herzog! zur Sache! denn hier giebts noch mehr zu thun.

**Matal.** Hier ist das Originalprivilegium Karls des Fünften; (er giebt es Masaniello, dieser dem Genuino.) Hier ist die Bestättigung desselben, — hier die Widerrufsakte. ——

**Genuino.** Halten Sie ein, Herzog! Nicht wahr, das Volk liebte Sie immer? immer noch hielt es Sie für seinen Beschützer, wenn
es

es gedruckt wurde? Sie unter dem ganzen Adel waren sein eifrigster Vertheidiger? — Was haben wir von den übrigen zu hoffen, wenn Sie uns betrügen?

**Der Haufe.** Betrügen! betrügen!

**Matal.** Hütet Euch, Genuino! das Wort dem Munde entwischt, kann nicht zum Herzen zurückkehren; und mich beleidigt man nicht ungestraft.

**Genuino.** Aber Sie werden uns auch nicht ungestraft hintergeben. Sie werden nicht erlangen, daß wir Ihre geschmiedete Urkunde für ächt halten. Völker Neapels! Hier waltet eine gräßliche Verrätherei ob. Deswegen also, Herzog, vereinigten Sie Sich mit dem Vicekönig? deswegen entließ er Sie Ihrer Haft? Sie erkauften eine Freiheit, die das Volk Ihnen ehrenvoll verschaft hätte, mit dem Opfer Ihrer Rechtschaffenheit, mit einer schwarzen That. Sie ließen sich brauchen, einen Verräther im Volk abzugeben, und rechneten entweder auf unsere Dummheit, oder auf blinde Liebe des Volks zu Ihnen —

**Masan.** Ja, Herzog! Sie sind ein Verräther. Sagt' ich's nicht immer: Neapels Unglück sei der Adel? Sucht euch nur unter ihnen Beschützer, und bald werden sie Euch verzehren. Ich würde mein Ansehn mißbrauchen, wenn ich hier verzeihen wollte. Auch meine Liebe zum Volk würde verdächtig werden. Völker Neapels! Richtet Ihr! —

Der

**Der Haufe.** Den Tod, den Tod dem Ver=
räther! —

**Peronne.** (vor ſich.) Jetzt auf zur Rache,
Perrone! (laut) Ein Wort Maſaniello, ein
Wort meine Brüder! Wollen wir in dieſem Zeit=
punkt dem Adel Gelegenheit geben, uns der
Partheilichkeit zu beſchuldigen? Wollen wir un=
ſere Hände in Blut baden, ohne kaltblütig die
Wichtigkeit eines ſo groſſen Verbrechens zu un=
terſuchen? Maſaniello! man könnte ſagen, Du
wolleſt ihn aus dem Wege haben, weil Du ihn
fürchteteſt. Nein, ſetzt ein Gericht nieder. Laßt
ihm förmlich den Prozeß machen, und dann
werde er öffentlich und feierlich das Opfer ſei=
ner Verrätherei. Dein Anſehn wird dadurch
vermehrt, Maſaniello, und deine Gerechtigkeits=
liebe glänzt.

**Maſan.** Es ſei. Ich fürchte Niemand!
ich will auch nie den Schein haben, jemand
deswegen aus dem Wege geräumt zu haben.
Nimm ihn gefangen, Perrone. Du hafteſt mir
für ihn. Laß den in Feſſeln ſchmachten, der
all' unſre Mühe vergebens machen, und einem
ganzen Volke die Banden, die es zerriſſen, wie=
der anlegen wollte.

**Matal.** Feſſeln, ohne Verhör! Geht man
ſo mit einem der Erſten Neapels um, der für
den Betrug nicht kann, der ſelbſt der Betroge=
ne iſt?

**Maſan.** Wo es auf das Wohl eines gan=
zen Volks ankommt, da iſt Unvorſichtigkeit das
größ=

größte Laster. Sie werden nicht nach Ihrem Vorsatz, den Ihre schwarze Seele verhehlen kann, sondern nach dem Schaden gerichtet, den Sie hätten stiften können.

**Matal.** Und meine ehemalige Liebe zum Volk, alle die sprechenden Beweise davon?

**Masan.** Fallen in nichts zurück. Kann vorige Weisse den schwarzen Flecken übertünchen, oder vergangene Tugend dem gegenwärtigen Laster befehlen, nicht gewesen zu seyn? Gehn Sie, Herzog! — Sie sind dahin — bereiten Sie Sich zu Ihrem Ende, daß es warnungsvoll werde. Aufsehn genug soll es machen, dafür steh' ich Ihnen.

**Matal.** Und wem hätt' ich dann mehr zu fluchen, Dir oder dem Vicekönig?

(Das Volk fängt an zu murren; Perrone führt ihn ab; das Volk stürzt ihm nach.)

## Siebenter Auftritt.

**Masaniello. Genuino,** hernach **Kardinal** mit einigem **Gefolge.**

**Masan.** Dank Dir, Genuino, Dank Dir im Namen des ganzen Volks. Du warst sein Retter jetzt. Ohne dich wie hätt' ich den Betrug ahnden, wie die schwärzeste der Bosheiten entdecken können? Die Karaffas haßt' ich immer.

**Genuino.** Zeig aber nun auch dem Volke, daß Du zu strafen weißt. Zeig dem Vicekönige daß Du nicht wider ihn allein wirkst; daß Du gegen jeden Unterdrücker des Volks gleicher Rechte Dich bedienst, gleiche Behandlung ver= hängst; zeig —

**Masan.** (erblickt Rauch und Flammen.) Sieh' Dich doch um, Genuino, sieh Rauch und Flam= men auf allen Seiten. Sie kündigen Neapels Freiheit an, schmelzen dessen Fesseln, sind Bür= gen dafür, daß Masaniello durchsetzen wird, was er wirken wollte.

**Genuino.** Dort kommt der Kardinal.

**Filomarino.** (kommt, Masaniello knieet vor ihm nieder, der Kardinal hebt ihn auf.) Masaniello! Ist denn kein Mittel, diese unglücksschwangere Wolke zu zertheilen, die über Neapel schwebt, und es zu zertrümmern droht?

**Masan.** Ew. Eminenz sind der Mann, der es vermag. Dieß ehrwürdige Silberhaar muß ganz Neapel verehren, auch wird keiner Ihnen die Vermittelung verweigern.

**Filom.** Ich wünsche Frieden für das Volk, und bin kein Feind derer, die dessen Gerechtsa= me vertheidigen. Aber', Masaniello, Volks= rettung kann ohne Grausamkeit bestehen. In einem Augenblick brennt es auf Euern Befehl an mehr als zwanzig Orten. Soll ganz Nea= pel in Rauch aufgehen? und hilft dann noch dem verarmten Volke Eure Hilfe? Laßt ab von diesem Vorhaben; verschwendet nicht Quellen,

aus

aus denen Ihr Wohlthaten fliessen lassen könn=
tet. Straft, die Euch strafbar dünken, aber
von ihren Gütern laßt Nackende sich kleiden, und
Hungrige satt werden, ehe Ihr sie den Flam=
men opfert.

**Masan.** Genuino! Was der Mann sagt,
ist Wahrheit und Weisheit. Geh, gieb Befehl;
daß alle noch unversehrte Häuser verschont, ge=
löscht werde, wo zu löschen Möglichkeit da ist.

(Genuino ab.)

**Filom.** Das wäre eins, Masaniello, was
mich Euch in einem vortheilhaftern Lichte sehen
läßt, als ich erwartete. Und nun sind wir al=
lein. Ich will euch nicht tadeln über das was
ihr thatet; Ihr fühltet das Elend, die Noth
des Armseyns, und euer Gefühl schränkte sich
großmuthsvoll nicht bloß auf Euch ein, es
dehnte sich auf Eure Mitbürger aus. Hilfe
war Euch nicht für Eure Person genug: allen
helfen war der große Endzweck. Ihr werdet
das eine zum Theil, das andere gar nicht voll=
bringen. Ihr werdet für alle das Opfer wer=
den.

**Masan.** Und wenn ich's würde, Ew. Emi=
nenz, wäre Volksglück zu theuer erkauft?

**Filom.** Laßt mich ausreden, Masaniello.
Der Vicekönig ist auf gutem Wege. Er will
dem Volke Erleichterung verschaffen: aber er
ist schon beschimpft, wird es noch mehr, wenn
er nachgeben muß. Das Volk soll sich zur Ruhe
geben, und er will in alle Forderungen dessel=

B 4

den willigen. Ihr seyd der einzige, der diese Beruhigung zu Stande bringen kann; und thut Ihr's, so gebe und versichre ich Euch eine monatliche Besoldung von zweihundert Skudi auf Zeitlebens, und völlige Amnestie vom Vicekönig und vom Spanischen Hofe.

**Masan.** Ew. Eminenz Gesinnungen und Anerbieten fordern meinen Dank; ich verehre das reine Herz, aus dem sie flossen. Aber wäre auch der Vicekönig, was er nicht ist, Mann von Werth, ich würd' ihm doch nicht trauen. Kann er für sich handeln? ist er Oberhaupt? stehen ihm nicht die Geldgierigen im Wege, die den edlen Philipp auf allen Seiten umgeben? Bin ich gleich ein einfältiger Mann, so fehlt mir's doch nicht an Mutterwitz, um mir an den Fingern abzuzählen, daß Arkos das nicht freiwillig thun kann, was er gezwungen thun muß. Er selbst müßte es mir danken, liebte er das Volk, daß ich sein Rückhalt für Spanien würde. Und, Kardinal! ist die Sache noch nicht hoch getrieben, so setz' ich andere Federn in Bewegung, und spanne den Bogen so, daß er mich bitten muß, ihn nicht abzudrücken. Der Thron Neapels steht in meiner Willkühr; — ich werde ihn nicht für eine Handvoll Skudi verkaufen, und doch versichere ich Ew. Eminenz — Ihre Handvoll Skudi wären mir lieber als er, wär ich's allein. —

**Filom.** Je mehr ich Euch höre, Masaniello, desto mehr schätze ich Euch, desto mehr entdecke

ich

ich die großen Eigenschaften, die mich nicht mehr
im Räthsel über das laſſen, was Ihr gethan
habt. Ich bin überzeugt, ich habe mit einem
Weiſen, mit einem redlichen Manne zu thun.
Folgt mir in die Kirche bei Karmml, wir wollen das Beſte des Volks überlegen, und ich will
für und mit Euch handeln.

**Maſan.** (Küßt ihm die Hand.) Und ich will
dieſe Hand ſeegnend dafür küſſen; aber ich will
Ihnen auch Entdeckungen machen, die Ihnen
zeigen ſollen, daß der arme Maſaniello dachte,
ehe er handelte, — liebt, woran er ſich kettet,
— und ausführen kann, was er vorhat. (ab.)

# Achter Auftritt.

### (Vorzimmer der Gefängniſſe.)

### Herzog von Matalone. Perrone.

**Matal.** So machtet Ihr mich bloß zum Ge-
fangenen, Perrone! damit ich Euch mein Leben
zu danken hätte? und quitt wären alle Wohlthaten, die ich Euch ehedem ſo reichlich erwieſen?

**Perrone.** Wenn das Leben eines Herzogs
mit dem eines Banditen, der es aufgab, da er
ſich dem reichen, aber gefahrvollen Handwerk
widmete, zu vergleichen iſt, ſo haben Ew. Durchl.
Recht. Mit dem Streich freilich, der Ihr Haupt
und das meinige von unſern Körpern trennt, ſind

B 5 wir

wir gleich. So lange aber nur noch Odem in uns ist, ist der Unterschied zu merklich.

Matal. Ich verstehe Euch, Perrone. Ihr seyd ein feiner Schmeichler, ohne euch dabei zu vergessen. Der Dienst ist weit vollwichtiger, den Ihr mir gethan, ich muß herauszahlen; so vollwichtig aber den meinigen als den Eurigen zu machen, bin ich, so wie ich hier bin, eben so wenig fähig, als Ihr, tausend Dukaten für einen Dolchstich zu nehmen, wenn man Euch die Hände fesselte.

Perrone. Ihre Gefangenschaft, gnädigster Herr, verschaft mir nicht einen Stuhl von Ihren Millionen. Das Glück hat einmal Laune, giebt dem armen Schlucker von Fischer alles, Sind Sie aber frei, so bekommt er nichts, alles bleibt das Ihrige, und dann ——

Matal. Gehören fürs erste zwölf tausend Zechinen Euch.

Perrone. Sonderbar! und Masaniello hätte mir nicht zwölf gegeben, wenn ich Ewr. Durchl. den Kopf vor die Füße gelegt. Bedenken Sie selbst, Herzog, ich bin sein erster Freund; er hat alles, ich nichts. Das läßt die Anhänglichkeit schwinden.

Matal. Also hättet Ihr wohl so gern seinen Kopf, als Ihr den meinigen nicht habt?

Perrone. Allerdings! Und wenn ich sicher gewesen wäre, daß der Herzog von Matalone, gleich vom Volk in Masaniello's Rechte eingesetzt werden würde, so hätt' ich nicht gesäumt, einen

nen

nen der kühnsten Streiche zu vollführen. Sollte
Matalone es dem Vicekönig vergeben können,
daß er ihm diese Beschimpfung, und gewiß vor-
sätzlich, zuzog?

**Matal.** Seht Ihr so weit? Ich merke, Ihr
versteht eben so gut, in den Herzen zu lesen, als
sie zu durchbohren. Masaniello versteht sich nicht
auf seine Leute.

**Perrone.** Dafür hassen diese ihn auch aus
Herzens Gründe, und wünschen seine Kühnheit
zum Grundstein des Throns der List zu machen.

**Matal.** Und das wäre so schwer?

**Perrone.** Nichts weniger. Ich getraue mir
in kurzem Ihnen den Beistand von fünf hundert
Banditen zu versprechen, die freilich den ersten
besten Streich an Masaniello ausüben müssen. Ist
er weg, dann sind sie gegen seine hundert tausend Mann eine Armee, — und nun noch Matalone an Ihrer Spitze —

**Matal.** Nicht ich, der Vicekönig hat mich
dem Volke verhaßt zu machen gewußt; ich war
blind genug, den Grund seiner Veränderung
nicht zu bemerken. Aber mein Bruder Joseph ist
noch beliebt; und er muß an die Spitze. Und
noch mehr: scheinen gleich fünf hundert Banditen Euch Macht genug zu haben, so werd' ich
doch, so bald ich in Freiheit bin, auf ein Mittel
denken, das auf einmal die Herrlichkeit des Vicekönigs in die Luft sprengen soll. Ich kenne
die unterirdischen Gänge des Markts; ich lasse
einen derselben vermauern, und lege eine Mine

an,

an, ble zu rechter Zeit den ganzen Markt und den wütenden Haufen in die Luft führt. Von der Schlappe kann ſich Arkos nie erholen, und ſein Sturz iſt gewiß.

**Perrone.** Und damit auch ich etwas anſehnliches bei der Sache thue, ſo will ich die groſſe Waſſerleitung vergiften, und wenn ſie wie die Fliegen beim Trinken umfallen, ſo wird des Fragens kein Ende ſeyn, wer der Urheber einer ſo raſchen That iſt. Sie werden aus Furcht, vom Gifte zu ſterben, verdurſten; und aus Quaal des Durſtes los zu werden, ſich vergiften. Man erſpart die Dolchſtiche. Frei alſo, Herzog, wären Sie vom erſten Augenblick der Dämmerung an, und dafür, daß ichs wage Ihnen die Feſſeln zu ſchenken, dächt' ich, gäben Sie mir den blitzenden Ring von Ihrem Finger.

**Matal.** (giebt ihm den Ring) Da iſt er. Ich haß' ihn ſo; denn mein Todfeind Arkos ſchenkt' ihn mir am Tage ſeiner Huldigung. — Aber wie erhalt' ich Nachricht von Euch?

**Perrone.** Ich ſchicke Ewr. Durchl. einen Karmeliter Laienbruder; dem können Sie alles anvertrauen. Nun aber auch gleich ins Innerſte des Gefängniſſes; denn ſähe man Sie ohne Feſſeln, ſo könnt es uns beiden die Köpfe koſten; und Gift und Pulver ſchliefen dann für Neapel. (ab.)

## Ende des erſten Aufzugs.

Zwey=

# Zwenter Aufzug.

(Zimmer in Masaniello's Wohnung.)

## Erster Auftritt.

### Marie. Laura.

### Marie.

Nein, Mutter, jenes waren beſſere Zeiten;
wir waren arm, aber ruhig. Sind wir jetzt
etwa reicher? Wißt Ihr nicht, Mutter, was
mein Mann ſagt?

Laura. Marie, Dein Mann, Maſaniello,
iſt ein groſſer Mann; iſt aus einem Hauſe, das
ſchon mehr als einmal ſich aus dem Dunkel, in
dem es ſtand, herausarbeiten wollte. Aber
ſeine Denkungsart iſt Grille; er muß ſie ablegen.
Und was ſagt er denn?

Marie. Daß nichts von dem Reichthum ſein
iſt; — alles gehöre dem Volke, nicht jedem
einzeln, allen gemeinſchaftlich. Glaubt es mir,
Mutter, da ich ihn bat, dieſes weiſſe Kleid anlegen zu dürfen, da erlaubte er mir's, und ſagte bedeutend; das wolle er wohl noch zugeben,

und

und ſo viel, daß ich mich ſo fort tragen könnte, dächte er für mich, ſo wie für manchen im
Volke zu thun; aber, und auf dieſen Worten
lag Nachdruck, ich ſollte nicht daran denken, eine Dame werden zu wollen, ſollte nicht ſtolz
werden, nicht vornehm mich dünken. Ich hätte auch dieſes Kleid nicht verlangt; aber da die
Herzoginn mir ſagen ließ, ſie würde zu mir kommen, da erwachte meine ganze weibliche Eitel-
keit, die erſt Sorgen und dann Kummer und
Unruhen in in tiefen Schlummer begraben hatten.
— Ich wollte wenigſtens anſtändig vor ihr erſcheinen. O Mutter! Mutter! warum folgte
ich dem Verbote der Herzoginn? warum ver-
hehlte ich ihm dieſen Beſuch? Das alles wird
ein ſchreckliches Ende nehmen!

**Laura.** Thorheit! Gut wird alles gehen,
alles wird ihm gelingen. Ich bete täglich zum
Himmel und allen ſeinen Heiligen, daß ſie ihm
die Gedanken einflößen, ſich recht groß zu machen. Er kann's, das Volk hängt an ihm, wie
an einem Abgott, verehrt ihn ſchon wie einen
Heiligen; wenn er den Vicekönig aus dem Wege ſchaffen, wenn er ——

**Marie.** Mutter, ich bat Euch ſchon heute,
davon zu ſchweigen! Wenn Ohren das hören,
ſo iſt ſein Leben ſchon in Gefahr. Ach Gott,
es iſt es ſo; und er weiß das, er fühlt das zu
gewiß! Er ahndet's. Wenn ſeine Ahndungen
wahr wären —— Mutter dann wollte ich, wir
wären nie vom Strande des Meeres weggezogen,

hät-

— hätten nie Neapels stolze Thürme erblickt.
Die tobende See ließ uns immer, so fürchterlich sie wütete, friedliche spiegelhelle Fläche erwarten.　Hier ist der ewigen Angst kein Ende
abzusehen.　Diese Unruhen, schrecklich! enden
sich nach dem Ausspruche meines Mannes nur
mit seinem Tode. —

　　Laura. Oder mit seinem Reiche, Närrinn:
So muß dein Mann sprechen.　Dadurch muß
er das Volk an sich drängen, darin besteht seine
große Kunst.　Siehst Du nicht schon wichtige
Folgen? Glaubst Du den Besuch der Herzogin
so zwecklos? Sie fürchten deinen Mann, sie
gehen von der stolzen Stufe herab, auf der sie
stehen; und Arkos Gemahlin, die Vicekönigin
von Neapel, wird sich mit Dir in Unterhandlungen einlassen.

　　Marie. Eure schöpferische Einbildungskraft,
Mutter, war von jeher so reich! Wißt Ihr
wohl, daß Ihr mir einst, ehe dieser Mann mir
seine Hand anbot, sagtet: ich sollte ihn nehmen,
und es würde mein Schade nicht seyn.　Ich
weiß wohl, was Euch dazu bewog.　Sein heller Kopf gieng schon mit dem Unternehmen schwan-
ger, das er heute ausführt.　Er wollte Euch
dazu vorbereiten.　Er hatte Euch in jene Höhle
geführt, wo des tapfersten aber unglücklichsten
seiner Vorfahren Gebeine ruhen, der auch für
die Freiheit des Volks starb.　Er hatte Euch
dessen Geschichte erzählt, und daß er das Werk
vollenden wolle, gesagt; Euch schwärmerische

　　　　　　　　　　　　　　　　Geli-

Grillen von dem in den Kopf gesetzt, was da kommen sollte — was gekommen ist — aber die Zukunft dazu habt Ihr auch selbst geschaffen. Glaubt Ihr, daß Ihr damals auf mein Herz wirktet? Nein, Mutter! so lieb ich euch habe, den Mann hatt' ich doch lieber. Liebe, Liebe war's allein, die mich bestimmte! Nicht bloß, Mutter! weil er so schön war — Nein, der arme Anzug, in dem er kam, verbarg nichts von dem Adel seiner Seele — den liebte ich — Mutter — Mutter! Ich schwur ihm einst, nichts ohne sein Wissen zu thun; und dieser Besuch. — (Ein Waffenträger tritt ein.) Die Herzogin kommt.

**Laura.** Muth, Marie! ich muß Dich verlassen. Höre auf jedes ihrer Worte. Laß keines Deiner Aufmerksamkeit entschlüpfen. Jedes ist wichtig. Bedenke, daß in jedem vielleicht unser ganzes Glück, vielleicht das Leben Deines Mannes liegt. (ab.)

**Marie.** Masaniello's Leben! — O dann will ich aufmerken, jeden Ihrer Blicke beobachten, kein Laut soll mir entgehen. — Für ihn hätte ich Muth mit der Monarchin von Spanien zu reden.

(Sie will hinaus, um der Herzogin entgegen zu gehen, indem tritt Olivie ein.)

Zwey=

## Zweyter Auftritt.

**Olivie. Marie.** (Die beim Eintritt der Herzogin zu Füssen fallen will, von ihr aber aufgeshoben wird.)

**Olivie.** Nicht das, liebes Kind. Das Geschäft, in dem ich komme, erfordert nicht Ehrerbietung. Freundschaft verlange ich. Ich suche ein Weib in Neapel, die mit mir gleich denkt, zum allgemeinen Besten gleich denkt.

**Marie.** Wenn das der Fall ist, gnädigste Herzogin, so geben Sie Sich selbst das reizendste Lob, weil sie dann fühlen, was die Großen dieser Erde gewöhnlich nicht fühlen, daß auch Armuth mit Seelengröße verbunden seyn kann.

**Olivie.** O Sie kann es, Marie! Wer von Deinem Manne sagen wollte, er hätte diese nicht, der würde ihm bitteres Unrecht thun. Aber unrecht sie anwenden, ist noch schlimmer, als sie nicht haben. Ströme Bluts sind vergossen. Kannst Du sie ohne Thränen fließen sehen, wenn Du das würdige Weib eines unwürdigen Rebellen bist?

**Marie.** Höre ich recht? sind Sie die Dame, von der man rühmt, sie ließe jedem Gerechtigkeit widerfahren; sie hätte so manchem Unterdrückten des Volks aufgeholfen? und Sie könnten das Herz eines armen Weibes zermalmen ohne Rührung! — Um Gottes Willen! widerrufen Sie gnädige Herzogin! Wer dem Weibe sagt: ihr Mann sey ein Rebell, der trennt die Seele vom

C                          Kör-

Körper; und wer mir das sonst sagte, als Sie
Herzogin, der sollte sehen, daß ein Weib mehr
als Weib seyn kann.

**Olivie.** Erwartete ich das nicht von Dir,
so wäre ich nicht gekommen. Aber mäßige Deinen Eifer, unschuldige Seele. Was kannst Du,
was kann unser ganzes Geschlecht dafür, daß
Männer nicht denken wie wir? Glaubst Du
denn, wenn man Deinem Manne dergleichen von
Dir sagte, daß er Dich auch mit so warmem Eifer vertheidigen würde?

**Marie.** O ja, er würde es. Wollen Sie
mich hören, Herzogin?

**Olivie.** Deswegen bin ich da. Gieße Deine ganze Seele in die meinige aus. Ich will
Dein Schutz, Deine Rathgeberin seyn.

**Marie.** Sechszehn Jahre war ich alt, edle
Frau, und kannte keine Sorgen. Ich war arm,
und wie ich jetzt erfahren habe, nennt man hier
Menschen in der Lage, in welcher ich war, unglücklich. Ich wußte von keinem Unglück. Meine Eltern lebten dürftig, aber wie in einem Himmel, seelig. Indeß nahm ihre Armuth mit neuen
aufgelegten Zöllen, die der Aermste am drückend-
sten fühlt, zu; und zum erstenmale hörte ich sie
klagen, zum erstenmale hörte ich überlaut klagen. Ich war wenig aus meiner friedlichen
Hütte gekommen, höchstens nur in friedliche
Hütten, die ihr glichen. Sie glauben nicht,
wie wirksam der erste Eindruck vom Gefühl mensch-
licher Noth ist. Mich brachte er aus meiner

Hei-

Heiterkeit, lehrte mich Mißmuth kennen. Der
Tag entsprach meiner Empfindung nicht; er war
heiter und schön. Ich ging meinen gewöhnlichen
Gang am Seeufer. Die Spiegelfläche des Meers
sollte meinem Herzen Ruhe gewähren, immer
war ich bei ihrem Anblick froh gewesen. Unver=
wandt sah ich darauf hin, um Heiterkeit heraus=
zuschöpfen. Statt dessen rollten Thränen uns=
willführlich aus meinen Augen. Schmerzmü=
thiger wandte ich mich weg, und sah im Um=
drehen einen Mann, der sich im tiefsten Nach=
denken, in das ich versunken war, unbemerkt
zu mir geschlichen. Ich fuhr zusammen, ich er=
schrack, — aber nur auf einen Augenblick. Es
war Masaniello. — Schönes Mädchen! war=
um weinst Du? fragte er mit einem so theilneh=
menden Tone, mit einer Mine, die Zuversicht
auf seine edle Absicht einflößte — O! mit einer
Thräne, die auch ihm im Auge zitterte. Konnt'
ich widerstehen? Mein Herz war dahin. In
Liebe, deren Namen ich kaum kannte, war mei=
ne ganze Seele umgeschmolzen. Aber in Worte
konnte ich Sie nicht kleiden. Was ich vorzubrin=
gen im Stande war, waren Klagen unserer Noth.
Er verstummte einen Augenblick, dann sagte er:
Ich will mit zu Deinen Eltern gehen. Er ging.
Ich glaubte einen Engel an meiner Seite. Was
ich fühlte, was ich dachte, davon könnte ich
keine Rechenschaft, selbst vor dem Richterstuhle
der heiligen Mutter geben, denn ich weiß es
nicht mehr. Kurz, Herzogin! er kam zu mei=

C 2                         nen

nen Eltern, sagte: er wolle ihr Sohn seyn,
und ward's ohne meiner zu erwähnen. Seine
Liebe zu mir entwickelte sich später. Zwei Jahre gingen hin, ehe sie die Stärke der meinigen
erreichte. Muth hatte immer die Oberhand in
seiner Seele. Die Bedrückung des Volks war
immer auf seiner Zunge. Er schalt den Adel,
nie den Vicekönig, nie den Monarchen. Endlich
verdrängte Liebe das alles; er gab mir seine
Hand, und zwei seelige Jahre, die bei Gott!
viele voll Kummer nicht aufwiegen, verflossen.
Hätten Sie gesehen, wie er arm und edel in der
einsamen Fischerhütte am Meere mir mein Elend
zur Wonne umschuf, jede unerträgliche Last allein trug; wie er mir meine Eltern erhielt; wie
er einst, da wir kein Brod hatten, forteilte,
und mit Gefahr seines Lebens uns welches verschafte, Sie würden sagen: ich wäre das un-
dankbarste Geschöpf, wenn ich ihm das nicht
mit ewiger Treue und Anhänglichkeit vergölte.

Olivie. Das gehört in die Geschichte Eurer
Herzen, liebes Kind, und die hat da aufgehört,
wo die Epoche der politischen Thaten Masaniello's anhebt.

Marie. Aufgehört? Kann überschwengliche
Liebe aufhören?

Olivie. Das wird Dir leider die Erfahrung
bestätigen, unglückliche Schwärmerin! Aber um
dieses Herzens, und um dieser Liebe willen,
bitte ich dich, halt ihn von fernerer Empörung ab.

Ma=

**Marie.** (raſch.) Empörung! Und ſchon wie=
der das? Vor ihm das Wort auszuſprechen,
wollte ich ſelbſt Ihnen nicht rathen. (mäßiger.)
Jener unglückliche Zoll auf das Mehl ſtörte ſei=
ne friedlichen Geſinnungen, er brachte ſeine gan=
ze Seele in Aufruhr. Seitdem hatte er keine
Ruhe; und da mein Vater ſtarb, der ihn bisher
noch zurückgehalten, war der Ungeſtüm ſeiner
innern Gefühle unaufhaltſam. Meine Mutter,
die ihn immer in ſeinen Begriffen von Freiheit
unterſtützt, gab ihre Einwilligung; und was
konnte ein Weib, die ihren Mann gleich einem
Abgott ehrt, ihm entgegen ſetzen, wenn er von
Pflicht und Beruf ſprach? Wir zogen in die
Stadt —

**Olivie.** Um nie wieder froh zu werden. Er,
um in ſein gewiſſes Unglück zu rennen: Du,
ihm vielleicht darin zu folgen.

**Marie.** Vielleicht! Bin ich nicht immer un=
glücklich, wenn er es iſt?

**Olivie.** Nicht immer. Willſt Du mich auch
hören? Biſt Du ſtandhaft genug, nicht ſo ganz Weib,
daß du auch das Schreckliche ertragen kannſt?

**Marie.** Sie können mir nichts ſagen, was
nicht ſchon in meiner Seele läge. Reden Sie.

**Olivie.** So faſſe Dich. Maſaniello's Tod iſt
gewiß. Er kann ihm nicht entgehen. Es blei=
be der Aufruhr, oder er bleibe nicht, ſo iſt er
das Opfer. Jeder Tag wird ihn mit neuen Grau=
ſamkeiten auszeichnen, und ſein Leben ſchützt
kein Anſehn der Größe, das Mördern die Hand

von Gesalbten zurück hält. Auch kann jeder
Priester bereit seyn, die Sünde seines Mords
zu vergeben, noch ehe sie geschieht. Und, Ma=
rie! der frühe Tod ist Deinem Masaniello Wohl=
that, der frühe Tod erhält ihm Seeligkeit. Was
er bis jetzt that, läßt sich entschuldigen. Was
er noch thut, kann schrecklich für ihn werden.
Wenn nun, Marie, sein Tod Verdienst wäre,
wenn es Wohlthat wäre, er empfinge ihn aus
liebenden Händen; wenn ein ganzes Volk, des=
sen Erlösung von der Bedrückung nun geendet
ist, durch die Hand eines Weibes ganz glücklich
gemacht würde — wenn ein Weib die Seele
ihres Mannes, und die Seelen vieler Tausende
von Verdammniß rettete; sollte dieses Weib sich
da nicht als Mann zeigen?

**Marie.** Bei Gott! das lag nicht in meiner
Seele. In der That, Herzogin! Sie haben ei=
ne Saite berührt, die ich nicht in der Harmonie
der Dinge glaubte.

**Olivie.** Doch aber kommt sie Dir nicht un=
harmonisch vor?

**Marie.** (nachdenkend.) Ich müßte sie zu stim=
men suchen. — (vor sich.) Halt! was ich nicht
thun kann, könnte sie thun; und sie sehen las=
sen, ich könne es nicht, hieße sie auffordern, es
selbst zu thun.

**Olivie.** Was sprichst Du, liebes Kind?

**Marie.** In der That, ich denke mehr als
ich so sage, wenn ich mir den Mann denke, dem
selbst Sie Seelengröße nicht absprechen, und so
die

— die Hand eines Weibes — und ein Dolch-
ſtich — (ganz geſetzt.) Was er verdiente, jetzt zu
ſeyn, Herzogin, das wag' ich nicht zu nennen;
auch hat er mir's verboten, daran zu denken, und ich
ehre ſeine Befehle. Man muß ſeine Befehle ehren,
wie würde es ſonſt ein ſtörriſches Volk?

**Olivie.** Wohl: König! — armes Weib!
als ob nicht das hier oder da geboren ſeyn, bis
auf den Wurm unter den Menſchen wirkte, und
er den andern Wurm, und wenn er nahe, ganz
nahe an den Thron gekommen, nicht immer als
den geweſenen Wurm, nie als den glänzenden
Schmetterling ſähe. —

**Marie.** Wahr, und ob glücklich oder unglücklich — weiß ich nicht, weil Bekanntſchaft
mit großen Menſchen kleine aus der Sphäre der
Natur herausrückt.

**Olivie.** (lebhaft.) Schön geſagt, und ſieh
Marie, mit uns Weibern iſt das nicht ſo. Der
Mann macht den Namen, und des großen Maſaniello — wenn er groß ſtürbe — Wittwe, könnte wohl auf einen größern Mann Anſprüche machen,
könnte dann die Helle, die der Mann Ihrem Gei-
ſte aufgeſteckt, ins Ganze einwirken laſſen; könnte, nachdem ſie einem groſſen Manne ſeine Größe erhalten, ſelbſt noch größer werden.

**Marie.** Iſt jemand größer, als Maſaniello?

**Olivie.** Auch ſtolz! Du ſchickſt Dich in der
That nicht übel zu der Rolle, die ich Dir zu ſpie-
len wünſche. Ueberwinde ein Vorurtheil. Ich
will Dir jemand ſchicken, der Dir alle Deine Zwei-

fel widerlegen. soll.    Er wird jede Einwendung,
die Gewissen und Tugend wider den Vorschlag
in Dir aufsteigen lassen könnten, Dir aus dem
Grunde ausreden.

Marie. Das nicht, Herzogin! Wenn Marie ja sagen könnte, den Mann zu sehen, so
könnte sie auch ohne das ausführen, was Sie
von ihr wünschen. Wir sind sehr schwach, wenn
wir Handlungen, deren Thun und Lassen von
uns abhängt, in die Seelen anderer schieben zu
können glauben.

Olivie. Und du bist stark.  Gieb mir die
Hand darauf, daß Du es thun willst.

Marie. Die Hand darauf, Herzoginn? das
ist entsetzlich viel.    Ich gab Mafaniello auch einmal die Hand darauf, mit ihm zu leben und zu
sterben.    Ein Handschlag soll ja die Kraft eines
Eides haben.    Die Hand, Herzoginn? nein!
die Hand kann ich nicht darauf geben.

Olivie. Grillenfängerinn! Das ist's, was
dir aus deinem Stande noch anklebt.    Du frag-
test, wer grösser als Mafaniello wäre? Jeder —
sobald Mafaniello den Tod eines Aufrührers stirbt!
Aber mehr — Herzog kann er nie werden; und
ich kenne Herzoge, die dann gern, um nicht
für das gestraft zu werden, was sie thaten, die
Hand der schönen Marie annehmen würden.

Marie. Wäre ich etwas mehr eitel, oder
hätte etwas weniger Selbstkenntniß, so könnte
ich mich hier in die Brust werfen, und fragen:
also doch nicht um der schönen Marie willen?

Her-

Herzoginn! wo in einer Sekunde die Ruhe des Herzens auf ewig verlohren gehen kann, da kommt nichts mehr von diesem allen in Anschlag.

**Ein Bedienter.** Signor Masaniello kommt.

**Herzogin.** (halblaut.) Gerade zur ungelegensten —

**Marie.** (halblaut.) Eben zur rechten Zeit, um mich von Todesangst zu befreien. (Sie führt Masaniello vor.) Masaniello! ein ehrenvoller Besuch, die Herzogin von Arkos.

# Dritter Auftritt.

## Masaniello. Die Vorigen.

**Masan.** Die Herzoginn! (er fällt vor ihr nieder.) Edle Frau, die ganz Neapel anbetet und liebt, lassen Sie mich niederfallen zu Ihren Füssen, lassen Sie mich die Hand der Gattin meines Gebieters dankbar küssen, daß Sie mein armes Haus mit Ihrer Gegenwart beehrte.

**Olivie.** (richtet ihn auf.) Masaniello! sollte das Spott sein, so wäre er sehr frevelhaft; ist es Ernst, so stehen meine Gedanken still. Befehlt Ihr in Neapel, oder mein Mann?

**Masan.** Jetzt befehle ich, aber nur in seinem Namen; ich thue nur das, was er zu thun verhindert wird. Ich will die Schlangen von ihm trennen, die ihn umkriechen, und hindern, daß das Volk und dessen Sprecher nicht frei in seine Arme eilen, und ihm sagen können: Du

bist

bift unfer Vater! — Daß ich daß will, wie
follte Arkos das wiffen können? Wer wäre um
ihn, der ihm das — der ihm nicht das Gegen=
theil fagte? Große edle Frau, wenn diefer glück=
liche Zufall vom Himmel beftimmt wäre, dem
Blutvergießen ein Ende zu machen! Wenn Sie
ihm fagten, daß Mafaniello feiner geheiligten
Perfon Freund wäre! Von Ihnen würde er es
glauben; Sie würden dann heiliger fein, als
irgend eine Märtyrin. Sie hätten mehr Gutes
gethan, als die Fürbitten aller vermochten.

**Olivie.** Träum ich? — oder bin ich wach?

**Marie.** Sie wachen, gnädigfte Herzogin!
So denkt Mafaniello, fo hat er immer gedacht.
O laffen Sie fich erbitten! Hören Sie ihn und
mich. —

**Olivie.** Ich will — was ich kann, das
will ich thun. Ich will ihm alles vortragen.
Aber Friede und Ruhe, Mafaniello, wären bei
diefem Herzen beffer gewefen, und der Kopf
hätte nicht handeln follen, ohne das Herz zu
Rathe zu ziehen. Ich eile aufs Kaftell.

**Mafan.** Das ift ohne meine Hilfe unmög=
lich — Aber wie kamen Sie hieher?

**Olivie.** Schande genug, daß ich's fagen
muß. Durch Lift bin ich den Augen aller ent=
ronnen, die mich umgeben hatten; bei der Her=
zogin von Matalone kleidete ich mich um.

**Mafan.** Zu einer Karaffa foll Neapels Re=
gentinn nie wieder ihre Zuflucht nehmen. Sie
fahren gerade aufs Kaftell. Unfer Volk ver=
steht

ſteht zu gehorchen und zu verehren. (Er ruft die
Leibwache, die eintritt.) Das iſt Eure Herzogin.
(Alle fallen nieder.) Ihr ſollt Sie bis zum Ein=
gange des Kaſtells begleiten, daß Sie ſicher
hinein komme. Keiner des Volks ſoll den Wa=
gen berühren; keiner bei Lebensſtrafe ins Ka=
ſtell einbringen. Ich Maſaniello, befehle es in
des Vicekönigs Namen. Nun, gnädige Her=
zogin, fahren Sie ſicher und ruhig. Man=
gelts dort an etwas, ſo ſoll Ihr Gemahl mir
nur befehlen, und ich werde ſeine Befehle wei=
ter tragen; und das ſagen Sie ihm: von die=
ſem Augenblick an iſt ſeine Perſon jedem ein
Heiligthum, der unter mir ſteht.

**Olivie.** Und wenn ich in Madrid unter den
Augen des Monarchen von Spanien ſtände, ſo
könnte ich nicht anders ſagen, als: er iſt ein
großer Mann. Marie, Du haſt Recht! Er
verdient was Du denkſt und nicht ſagen magſt;
aber kann er gleich das nicht werden, ſo will
ich doch ſehen, Maſaniello, daß ich Euch und
das Volk ausſöhne mit dem Herzog; daß ſich
das Blutvergießen ende, und daß Ihr in Ru=
he die Früchte eines ſo uneigennützigen Eifers
genießt.

(Sie geht ab. Maſaniello und Marie begleiten ſie.
Leibwache folgt, und Maſaniello und Marie keh=
ren dann zurück.)

Vier=

# Vierter Auftritt.

## Masaniello. Marie.

**Masan.** Zu Dir die Herzoginn, Marie? und so unerwartet?

**Marie.** Nein Masaniello, nicht unerwartet, ich kann Dir nichts verhehlen,

**Masan.** Du wußtest von dem Besuche, schon ehe ich von Dir weggieng?

**Marie.** Ja!

**Masan.** Ja! Unglückliche! und sagtest mir nichts,

**Marie.** Die Viceköniginn ließ mir es verbieten.

**Masan.** Verbieten? Sie fürchtete vielleicht, ich möchte sie zurück behalten. Ließ sie sich nichts davon merken?

**Marie.** Nicht das Entfernteste.

**Masan.** Nicht? — Und was sagte sie Dir?

**Marie.** Etwas, Masaniello, das Du in meinem Herzen verschlossen lassen mußt.

**Masan.** Du! Geheimnisse vor mir? Marie, etwas, das Masaniello nicht wissen muß?

**Marie.** Nicht wissen muß, um ruhig zu sein, zu bleiben. —

**Masan** Du liigst, Marie! Verlegenheit deckt Deine Offenheit. Sie haben Dich in ihren Bund gezogen. Gesteh mir's nur! —

Ma:

**Marie.** Du könntest das von mir glau=
ben?

**Masan.** Von Marien hätt' ich's nicht ge=
glaubt. Vom Weibe glaub' ich alles. Nur
heraus, Marie, sie reizte Dich auf, etwas wi=
der mich vorzunehmen. Sie sprach vom Ver=
giften. — Nicht wahr?

**Marie.** (ganz außer sich.) Mein Gott!

**Masan.** Ja, da haben wir's. Das kön=
nen Weiber. (Pause.) Mußt ich nicht lachen, wie
heut ein ganzer Zug kam, mit Stroh, Pech,
Schwefel bewaffnet, um wenigstens die Stadt
anstecken zu helfen.

**Marie.** Masaniello, ums Himmels willen!
ich will nicht hoffen, daß Du denkst —

**Masan.** Ich denke mein Kind, daß Du —
auch ein Weib bist; daß Glanz und Schimmer
sich Deinen Mangel an Blindheit zu Nutze ma=
chen werden — daß Du — (er stößt sie von sich
weg) in der That zu nahe um mich bist, um
mir nicht gefährlich zu sein. Ich bitte Dich,
laß mich allein. Masaniello muß es jetzt mit
Männern zu thun haben.

**Marie.** (vor sich.) Sagte nicht die Herzoginn,
die Geschichte der Herzen hätte aufgehört, wo
Masaniello's Thaten angefangen? O du hast
richtig prophezeiht. (zu Masaniello.) Masaniello!
Was die Liebe aus Deinem Herzen verdrängte,
war Edelmuth und Tapferkeit. Aber laß den
Stolz nicht diese verdrängen, nicht Ungerechtig=
keit sie verlöschen. Als die arme Marie Dieth=
re

re Hand gab, da hätte die Herzoginn in ihrem
Glanze da stehen, und mir einen Tausch anbie-
ten können, und ich hätte stolz auf Dich über
sie hinweggeblickt. Das glaubst Du gewiß —
Und das glaubst Du nicht, wenn sie mir jetzt
einen Herzog zuführte, daß ich wieder über sie
hinweg blickte? Stolz freilich könnt' ich nicht
mehr auf Dein Herz sein, da ich es verloren —
aber ich würde mich still ans Ufer meines friedlichen Meers begeben, und in seine Wellen den
Abschied der Liebe weinen, die mich dort so seelig machte. (ab.)

Masan. (nachdem er ihr ein Weilchen nachge-
sehn.) Welch ein Leben! Wenn Vaterlandsliebe,
wenn Volksliebe, wenn edle Freiheitsliebe ein
solches Opfer erfodern, so wäre das sogenannte
drückende Loos der Sklaverei ja wohl noch glücklich zu nennen. In meinem Hause darf ich also nicht mehr leben, — nicht mehr essen, —
darf nicht mehr einen kargen Trunk erquikenden
Wassers aus diesen liebevollen Händen empfangen, aus Furcht, sie möchten meinen Tod bereitet haben? Das ist hart, mehr als ich erwartete. Und doch erwartete ich sehr viel schlim-
mes. (innigst gerührt.) Aber von Dir, Marie!
— Weg damit! Willst du über dein Schicksal
nachdenken, Masaniello, so wäre doch wohl das
Schicksal des Volks entschiedne Sklaverei; setze
diesen Schritt nicht ganz durch, so hast du ihm
mehr geschadet, als geholfen. — Opfer —

wolltest du ja seyn! — Was sprach sie aber
von einem Herzog?

# Fünfter Auftritt.

## Laura. Masaniello.

**Laura.** Was sie von dem sprach, weiß ich.

**Masan.** Wißt Ihr? Sagt mir's, Mutter, sagt mir's.

**Laura.** Die Herzogin wollte ihn ihr zum
Manne geben. Ich glaube, sie nannte einen
Karaffa.

**Masan.** Einen Karaffa? Tod und Hölle!
Ein Karaffa mein Weib? Mutter! Lieber —

(Er macht die Pantomime, als ob er sie erstechen
wollte.)

**Laura.** Du kannst näher dazu, Masaniello.

**Masan.** Wie so, Mutter? — erklärt Euch.

**Laura.** Lieber das am Karaffa, und am
Vicekönig; und dann laß, die Dich morden
lassen wollten, vor Deinem Weibe knieen.

**Masan.** Natter! was ist das für ein Anschlag! Wollt Ihr Weiber Masaniello zum Rebellen — zum Mörder machen — zum Kronen-
raube aufhetzen? (ganz gelassen.) Laßt die Plane
fahren, Mutter; ich thue nicht eines Korns
mehr, als ich soll. (ab.)

**Laura.** So werde ich mehr thun! Ich will
Dich selbst berauben, und Schätze sammeln für
Deinem Sohn, damit, wenn Du noch nicht be-

stimmt

stimmt bist, das alles zu vollenden, er nicht mit leeren Händen anzufangen brauche; denn das Glück steht nicht immer der blossen Tollkühnheit bei. (ab.)

# Sechster Auftritt.

(Saal des Vicekönigs im Kastell.)

### Kardinal Filomarino. Vicekönig. Prinz Tiberio.

**Filom.** Herzog, geben Sie nach. Das Ungewitter zieht sich stärker zusammen, als Sie glauben. Sie sind nicht so von dem Aufruhr unterrichtet, wie wir. Es sind nicht mehr unbärtige mit Stöcken bewaffnete Knaben, mit denen Sie es zu thun haben. Es sind Männer. Es sind eine Menge von tausenden, wohlbewaffnet, entschlossen, und von einem Haupte angeführt, das vielleicht einzig im Menschengeschlecht fähig, einzig von der Vorsehung ausersehen war, das zu vollbringen.

**Vicekönig.** Ew. Eminenz sind sehr für den Mann eingenommen; aber Friede stiften, ist Ihnen Pflicht. Vergleich suchen, ziemt ihrem Stande. Ich bin Spanien Rechenschaft schuldig. Ich muß mit meinem Kopfe für alles haften, was ich thue. Daß ich nicht im ersten Augenblick die Waffen zu Hülfe nahm, das kann man mir nicht zur Last legen. Ich wollte

Men-

Menschenblut schonen. Aber feige nachgeben,
dem Könige, meinem Herrn, Schimpf und Verlust zuziehen — das steht nicht in meiner Macht,
ohne vorher alle andere Hoffnung verlohren zu
haben.

**Filom.** Und worauf gründen Ew. Durchlaucht noch Ihre Hoffnungen?

**Vicekönig.** Freilich nicht auf meine Handvoll Menschen, nicht auf drei unhaltbare Ka-
stelle, nicht auf den Beistand des Adels —

**Prinz.** Zu dem auch ich mit gehöre, Herzog.
Was kann der Adel für Sie thun? Matalone
wurde schon Opfer, und bloß für Sie. Wer
weiß, ob einer der Ersten Neapels nicht schon
schimpflich sein Leben verlohren hat, weil er sich
blenden ließ, ein falsches Dokument in Ihrem
Namen dem Volke für ein ächtes aufzuheften.
Ich selbst bin der Wuth des Pöbels ausgesetzt
gewesen, weil Sie strenge genug waren, den
Mehlzoll nicht mit dem Fruchtzoll zugleich auf-
heben zu wollen. Was hat der Adel durch Ihre Strenge gewonnen? Vier und zwanzig der
schönsten Gebäude desselben liegen in Asche:
sechs und dreißig andere hätte ein gleiches Schicksal betroffen, hätte die Fürbitte des Kardinals
sie nicht gerettet. Soll das ganze Vermögen
des Adels ein Opfer Ihres Stolzes werden?

**Vicekönig.** Still, Prinz! nicht zu weit —
Ist das Ansehn des Königs nichts? hat nicht
jeder von Ihnen das Recht Entschädigung zu
suchen? Matalone dauert mich; allein er bot sich

D                              sich

sich nicht zu dem Unternehmen? Sollte ich die
mögliche Unterdrückung des Aufruhrs ausschla-
gen? Ich werde alles anwenden, ihn zu retten;
werde alles anwenden, Entschädigung für alle
in Spanien auszuwirken, wenn der Tumult gedämpft ist.

**Filom.** Lassen Sie die Privatsachen, Prinz
— Und worauf gründen sich Ewr. Durchlaucht
Hoffnungen dazu? —

**Vicekönig.** Auf das Mittel, das bei jedem
Aufruhr wirksam war: auf Zwiespalt unter den
Rebellen, auf Eifersucht auf Ihr Oberhaupt.

**Prinz.** Die haben Sie hier nie zu erwarten.
Setzen Sie Sich in die Geschichten aller Empö-
rungen zurück. Dort war allgemeine Ausge-
lassenheit, hier allgemeine Ordnung. Sie werden es nicht glauben, Herzog, aber jedes Ge-
werbe in der Stadt geht fort. Mitten durch
den Tumult geht jeder seinen Geschäften nach.
Allgemeine Sicherheit ist nicht gehemmt, sie ist
vermehrt. Kein Verbrecher bleibt unbestraft.
Und die Schärfe der Ahndung macht die Ueber-
tretung der Gesetze selten. Mitten unter den
Flammen raubt niemand. Alle Beute wird ge-
sammelt und bewacht. Masaniello nennt nichts
sein eigen. Räuber und Mörder werden unter
seiner Fahne ehrlich und menschlich.

**Filom.** Sollten Sie seine Anstalten sehen,
Herzog, Sie würden sagen: für Spanien sei
ein weiser Regent, ein vorsichtiger Feldherr, ein
kluger Staatsmann in ihm verlohren gegangen.

Vi.

**Vicekönig.** Wenigstens sehe ich, würde es ihm nicht an Lobrednern fehlen. Freilich ist Philipp hier nicht so beliebt —

## Siebenter Auftritt.

### Olivie. Die Vorigen.

**Olivie.** Störe ich, meine Herren, so verlasse ich Sie sogleich. —

**Vicekönig.** Nichts weniger, Herzogin; im Gegentheil, Sie könnten mir hier einen Dienst erweisen. Vielleicht sind die Herren gefälliger gegen eine Dame, die in Madrid auch etwas gilt. Mich wollen Sie bereden, meine Hände diesem Signor Masaniello zum Vergleich zu bieten — Was sagen Sie zu dem Vorschlage?

**Olivie.** Eine wichtige Frage — Soll ich aber die Meinung meines Herzens sagen?

**Vicekönig.** Allerdings. Sie wird den Herren nicht unerwartet kommen.

**Olivie.** So rath' ich allerdings dem Vicekönige von Neapel, so schnell als möglich sich mit dem Volke und dessen Anführer auszusöhnen. —

**Vicekönig.** Diese Meinung ist mir in der That so unerwartet, als sie es den Herren sein wird. (Pause.) Wollen Ew. Eminenz sich ins geheime Kabinet verfügen, und nebst dem Prinzen die gefundenen ächten Urkunden nachsehen

ich

— ich werde ſogleich folgen und weitere Verfügungen treffen.

**Filom.** Wenn dieſes Wort der Sache einen
guten Ausſchlag giebt, ſo gebühren Ihnen, Herzoginn, Trophäen; und die Herzen des Volks
werden Ihnen Denkmähler aufrichten.

(ab mit dem Prinzen.)

**Vicekönig.** Wahrhaftig, Herzoginn, Sie
haben mich in eine trefliche Situation gebracht,
und Prinz Tiberio muß ſich von Ihrem Karakter einen eigenen Begriff machen.

**Olivie.** Er würde ſich wenigſtens den beſten
von meinem Herzen machen, wenn er geſehen
und gehört hätte.

**Vicekönig.** Sie waren?

**Olivie.** In Maſaniello's Hauſe, der mich
ehrfurchtsvoll empfing, und durch ſeine Leibwache hieher begleiten ließ.

**Vicekönig.** Hieher! ganz unverborgen —
er —

**Olivie.** Er ſelbſt, der nicht das Ungeheuer
iſt, das man aus ihm macht — der —

**Vicekönig.** O, ſtill von ſeinen Eigenſchaften; ich weiß ihrer ſchon zu viel. Mir bürgt
eine Handlung für den guten Ausſchlag aller
meiner Plane.

**Olivie.** Und welche?

**Vicekönig.** Daß er Sie nicht als Geißel
behielt, um mir abzuzwingen, was er verlangt.
Der kluge Staatsmann — ſo ſagte der Kardinal —

Oli.

**Olivie.** Zu unedeln Mitteln freilich nicht klug genug.

**Vicekönig.** Laſſen Sie die Ausfälle weg, Herzogin. Ich darf Sie nur daran erinnern, wie der Admiral von Kaſtilien, mein Vorfahr, bei ſeiner Zurückkunft nach Madrid ausgeziſcht wurde, als die Furcht ihn bewog, ſeine Steuern zu widerrufen.

**Olivie.** Doch ſagt die halbe ſpaniſche Welt, er habe Recht gehabt.

**Vicekönig.** Die halbe Welt, die nichts gilt.

**Olivie.** Bei Gott, Gemahl! Sie haben es mit keinem rebelliſchen Kopf zu thun; deswegen —

**Vicekönig.** Und wie iſt denn dieſe Veränderung bei Ihnen möglich geworden? Vor wenig Stunden dachten Sie —

**Olivie.** Wie ich jetzt denke — nur daß ich jetzt weiß, daß man die Zeit verſtreichen laſſen, wo Gewalt etwas auszurichten vermochte; daß ich jetzt zum Vergleich rathe, um den Vicekönig von Neapel nicht geſtürzt zu ſehen.

**Vicekönig.** Noch mehr?

**Olivie.** O ja, noch mehr — daß ich will, er ſoll durch den Mann, mit dem er den Vergleich gemacht, einſt alles Verlohrne wieder erlangen, weil er der Mann iſt, der das bewerkſtelligen kann.

**Vicekönig.** Sie ſchweifen doch in allem aus, Herzogin. Erſt ſollte kein Menſch, als ein Arkos, in Neapel Gesetze geben; jetzt tragen Sie mir ein Bündniß mit einem aus den Hefen des Volks an.

**Olivie.** Ist es ehrenvoller, den Kopf eines edlen Armen, oder die Faust eines Banditen zu dingen?

**Vicekönig.** Sie übertreiben es, Herzogin. Ich möchte den Vicekönig sehen lassen, wenn —

**Olivie.** Ich Sie genauer auf die Wahrheit führte? Gut, Arkos! ich gehe, nur sage ich Ihnen noch einmal: Der Stolz ist in mir nicht erloschen; die Menschlichkeit ist nur erwacht, und ich weiß beide mit einander zu verbinden. (ab.)

# Achter Auftritt.

### Genuino. Vicekönig.

**Genuino.** Sind Ew. Durchlaucht allein?

**Vicekönig.** Dem Himmel seis gedankt; die Mitverschwornen haben mich verlassen. Genuino! Giebt es denn keinen Dolch mehr in Neape'. Kein karges Körnchen Gift, zwei Augen zuzuschließen?

**Genuino.** Den Vorschlag kann nur die Wallung, in die man Sie gesetzt, Ewr. Durchlaucht in den Sinn gebracht haben. Gegen Ihn das schnellste Mittel; für Sie das schlimmste. Matalone lebt noch — Ich weiß etwas besseres.

**Vicekönig.** Das war ein Wort zu seiner Zeit, Genuino. Dafür diesen Ring.

Ge-

**Genuino.** Bewahre! ich danke Ew. Durchlaucht unterthänigst. Ich nehme ihn nicht.

**Vicekönig.** Warum nicht?

**Genuino.** Weil ich mich nicht für stark genug halte, ihn zu verbergen; und ihn sehen zu
lassen, dazu ist es zu früh. Der Ring könnte
theuer werden.

**Vicekönig.** Ich will ihn Dir verwahren —
und Dein Besseres?

**Genuino.** Ich besitze das Geheimniß eines
Giftes, welches Menschen des Besten beraubt,
was sie besitzen — nicht des Lebens — der
Vernunft. Was ist Leben ohne Vernunft —?
Ein tollmachendes Gift, Ew. Durchlaucht, hat
in manchen Fällen vor dem tödtenden vieles
voraus.

**Vicekönig.** Und was könnte Masaniello's
Tollheit uns helfen?

**Genuino.** Gerade vollführen, was Sie wünschen: ihn grausam gegen den Adel, und das
Volk schwierig gegen ihn machen.

**Vicekönig.** Ha, nicht unrecht. Vier Augen sehen doch oft weiter. Aber bist Du der
Wirkung Deines Gifts gewiß?

**Genuino.** Bei Masaniello so gewiß, daß ich
die gewöhnliche Dose werde verringern müssen,
um nicht die Wirkung zu heftig und verderblich
zu machen. Sein Kopf wirbelt. Wachen, Ent-
kräftung und Denken haben alle seine Nerven
gespannt. Meine Papazee ist da weit kräftiger.

D 4            Vi-

**Vicekönig.** Gut, wir wollens ſo machen. Ich g.be zum Scheine nach, verſpreche alles. In den Zeitpunkt muß die Wirkung Eurer Arzeney kommen, dann kann ich halten, was ich will. Nun weg, daß keiner Euch bemerke. Iſt die Ausſöhnung mit dem Volke vorüber, ſo können wir freier reden. (Genuino ab.)

Der Schalk hilft mir viel. Nimmermehr hätte ich geglaubt, daß ſich ſo viel wider mich ſetzen; daß ich ſo ernſtliche Mittel würde brauchen müſſen, um ein Knabenſpiel zu dämpfen. Jetzt, da es aber ausgebrochen iſt, mag der Lerm noch größer werden, als die Sache ſelbſt; ſo gewinnt mein Ruf, und Spanien muß froh ſeyn, wenn ich ihm ſtatt Schätze die Ruhe zolle. Ich verliere auf keinen Fall; und immer gewinnen iſt die größte Klugheit.

## Ende des zweyten Aufzugs.

———

Drit=

# Dritter Aufzug.

(Masaniello's Wohnung.)

## Erster Auftritt.

### Marie. Franz.

#### Franz.

Nicht wahr, mein Vater wird bald König von
Neap·l?

Marie. (erschro·en.) Bei der heiligen Jung-
frau, Kind, beschwö' ich Dich, den Gedanken
nie wieder zu denken; und soll ihn Dein Herz
denken, so laß ihn nie wieder Deine Lippen berühren. Sp·ich das Schreckliche nie wieder aus;
denn würd' er das, so wär' er Rebell: und einen solchen Vater haben, möcht·st Du das wohl?
Weißt Du, was das Wort sagen will?

Franz. Ja, Mutter, der Vater hat mir's
erklärt. Kann man denn aber nicht König seyn,
ohne eine so schwarze That gethan zu haben? Ist
denn unser König auch Rebell?

Marie. Nicht so, liebes Kind. Gott dort
oben ist Herr aller Königreiche. Er vergiebt sie;

D 5                          und

und wem er sie schenkt, der kann sie wieder ver=
geben. Spaniens Philipp, den wir knieend
verehren, hat dieß Königreich von Gott, und
er gab es unserm Vicekönige, dem Herzog ——

Franz. Er gab es ihm; und nun nimmts
der Vater weg. Warum?

Marie. Er nimmt es nicht. Er schützt nur
das Volk.

Franz. Das soll aber der Vicekönig schü=
tzen. ——

Marie. Er soll es. Thust Du immer was
Du sollst? Könige sind auch Menschen, und feh=
len. Das Neapolitanische Volk hat seine Rechte,
die ihm zugesagt wurden, als sie sich dem Kö=
nige von Spanien unterwarfen. Diese Rechte
sind ihnen jetzt genommen. Mit jener Zusage er=
hielten sie die Freiheit, sich diese Rechte in ei=
nem solchen Fall wieder erkämpfen zu dürfen, oh=
ne als Rebellen angesehen zu werden. Das thut
jetzt der Vater. Er zwingt den Vicekönig, das
Volk wieder in seine Rechte einzusetzen; und hat
er das gethan, so leben wir wieder wie vorher.

Franz. Du bist klug, Mutter, und mußt
das alles besser wissen. Aber ich hab' es von
der Großmutter anders gehört, und habe mir
auch ein ganz andres Gemälde von der Zukunft
entworfen. Ich dachte, der Vater würde nun
bald in einem großen Pallast wohnen, sich viele
Diener halten, viele schöne Kleider und Pferde
kaufen, alle Tage Gäste bei sich bewirthen, ge=
rade so, wie ich's oft in großen Häusern sah,

wie

wie ich mir es oft wünschte. O Mutter! schon
oft hab' ich's geträumt — und ich machte es
selber so, wenn ich der Vater wäre.

**Marie.** Lieber Franz, da wäre Eigennuß
die Triebfeder Deiner Handlungen. Da ist Deines Vaters Zweck doch wohl edler. Er will die
Last des Volks vermindern. Dein Aufwand würde sie vermehren. Du hast den Vater oft auf
die Zollbedienten schimpfen hören, die hartherzig den Befehl des Königs vorwenden, wenn Tausende dem Hungertode nahe sind; und nun wolltest Du, Dein Vater sollte selbst so handeln?

**Franz.** Nein Mutter! das kann der Vater
nicht. Er theilt ja den letzten Bissen mit dem,
der hungert; und wie oft habe ich das letzte Brod
halb unserm armen Nachbar hinüber tragen müssen. (Masaniello tritt ein, der Knabe läuft ihm entgegen.) Lieber, bester Vater! Du sollst nicht König von Neapel werden!

# Zweyter Auftritt.

### Masaniello. Die Vorigen.

**Masan.** Bei Gott! Franz! das will ich
nicht; und hätt' ich's gewollt, so hätte diese
Warnung aus dem Munde der Unschuld mich
aus dem Taumel des Verderbens gerissen. Die
Grundsätze Marie, hat er wohl nicht von der
Großmutter erhalten. — Marie, vergieb mir,
daß ich erst hart war.

Ma-

**Marie.** (fällt ihm in die Arme.) Dank sey Gott und allen Heiligen, daß ein Strahl der Liebe zu mir aus Masaniello's Herzen wieder hervorbricht. Ich glaubte sie schon ganz verlohren. Ich habe sehr getrauert. O Masaniello! wären wir noch an unserm stillen Ufer des Meeres — trügen noch alle die kleinen Unannehmlichkeiten, die mit diesen Sorgen in keinen Vergleich zu setzen sind. Unsere Heiterkeit, wenn wir eine derselben überstanden, war uns Erholung, um die folgende zu ertragen. Hier ist an keine zu denken. Mit jeder Stunde wächst Deine Arbeit. Dein Unternehmen gleicht der entspringenden Quelle, die sich zu einem überschwemmenden Strome ausdehnt. Jede Minute der Zukunft hängt fürchterlich über Dir, und der kommende Augenblick schreckt den gegenwärtigen hinweg. Mühe und Wachen haben Dich erschöpft. Gedanken für Tausende reiben Deinen Körper auf, nagen an Deinem Leben — und was soll aus Deiner armen Marie, und aus dem hülflosen Kinde werden?

**Masan.** Was aus Euch werden soll, fragst Du? —— Blick auf mit mir zum Himmel, und sprich: Was Gott will aus Euch — aus mir, was Gott will! Uebrigens hast Du recht. Jede kommende Stunde schwebt fürchterlich über mir. Jeder der Hunderttausende, die mir gehorchen, kann, vom feindlichen Golde geblendet, durch meinen Tod glücklich werden. Aber die Hand

der

der Vorsicht, die jeden Finger lenkt, die bisher gewacht, kann ferner — kann immer wachen.

**Marie.** Dein Zutrauen ist unbegränzt, aber mein Herz glaubt nicht daran. Im Träumen und im Wachen schweben sie vor mir — die Bilder Deines Untergangs, und an sie drängen sich jene der lieben ruhigen Stunden, jene des Genusses der Freuden, die die Natur uns gewährte.

**Masan.** Erinnere mich nicht an sie, herrliches Weib! Jeder Held hat seine schwache Seite. Rege die meinige nicht auf, Du könntest mich wankend machen!

**Marie.** Laß mich sie immer herträumen, die süßen Stunden, Masaniello! Du gehst aus meinen Zimmern und hast sie vergessen. Genossest Du sie seit der Zeit so? Ist Friede in Deine Seele gekommen? Sah ich je, seitdem wir in der Stadt sind, Deine Stirn ohne Furchen?

**Masan.** Nein, Marie! ich läugne Dir es nicht. Sie ist dahin, die Ruhe voriger Zeiten. Aber genug, daß ich Dir sage: sie waren schön, sie sind mir unvergeßlich. Und nun laß es ruhen, das zermalmende Andenken.

**Marie.** O Gott! daß doch in den Menschen, so ganz zum Frieden geschaffen, Unfriede kommen mußte! Gern, Masaniello, schwiege ich, und sagte kein Wort. Aber ich sehe die Pflicht noch nicht ein, daß Du Dich zum Retter des Volks aufwirfst.

**Masan.** Die würdest Du, Marie, auch nicht einsehen. Du liebst mich zu sehr dazu. Gönne mir noch acht Tage, sieh mich in diesen als aus mein'm Hause verbannt an. Laß mich nicht Dir und diesem mir so theuren Knaben angehören. Ich kann nicht für Euch leben, kann nicht auf halbem Wege stehen bleiben. Durchsetzen muß ich, was ich angefangen — dann aber —

**Franz.** Und was dann, Vater?

**Marie.** Und was dann, Masaniello?

**Masan.** Dann — ich schwör es Euch vor dem allgerechten Gott — dann gehen wir wieder an's Ufer des Meers, und vergessen alle diese Sorgen.

**Franz.** Aber Vater, Du sorgst auch, daß es uns dann nicht an Brode fehlt?

**Marie.** (unwillig.) Schweig, Knabe!

**Masan.** Laß ihn reden. Er hat nicht so unrecht. — Und Du, Marie, hättest keinen Wunsch, auch nicht Einen, als den? Nichts hätte Dich von dem allen geblendet, was Du gesehen hast?

**Marie.** Nichts, Masaniello! Die so liebte, wie ich, und die nie aufhörte so zu lieben, konnte nichts sehen, als Dich. Vielleicht, wären nicht so viel Gefahren für Dich da, die ich mir immer im schrecklichen Lichte denke, vielleicht würde ich dann sagen: gieb mir dieß und jenes; laß uns so viel nehmen, daß wir der Sorgen los werden; daß wir jeden Monat einen frohen

Tag

Tag im Zirkel unserer Freunde feiern können!
So aber sage ich aus Herzensgrunde: wirf al=
les weg, Masaniello; ich will nur Dich, lebe
nur in Dir! Gieb mir diesen Wunsch, guter
Mann! und Du hast eine Glückliche gemacht.
Ist schon jemand durch alle Deine Thaten glück=
lich geworden?

Masan. Ha! Marie, warum sagtest Du
mir das? Du hast Recht. Noch ist niemand
glücklich. Aber werden sollen sie es. Und Du
hast Dein Glück durch Dein offnes Wahrreden
verzögert. Treffliche Marie! Ich kann Dir
nicht helfen; ich kann Millionen Menschen nicht
auf dem halben Wege zur Freiheit stehen lassen.
Sie würden mir in die Ewigkeit nachrufen: er
wollte unser Joch erleichtern, und erschwerte es.
Ihr Fluch würde mich von Welten zu Welten
verfolgen. Nein, ich fühl' es, es wird gehen,
gut gehen für die Menge — aber für mich? —

Marie. Ich bin nicht Menschenfeindin, Ma=
saniello. Aber in der ganzen Menge bist Du
doch der, mußt der seyn, den ich — sollten sie
umkommen, zuerst — wär' es nicht anders —
allein rettete —

Masan. Halt! lebst Du bloß für hier?

Marie. So lange ich Dich sehe, bloß für
hier.

Masan. Du könntest mich überwinden, wär's
nicht Beruf. Marie! ich muß fort.

Ma=

**Marie.** Hilf mir bitten , Franz! (ſie kniet mit dem Knaben nieder.) Maſaniello, laß Dich erweichen! Beſtime Dich!

**Maſan.** (legt die Hände auf ſie.) Gottes Seegen über Euch. Weib! Kind! Meine Ahndungen trügen mich nicht. So friedlich ſehen wir uns nicht wieder. Ich will bei dieſem herrlichen Anblicke noch einmal Orem ſchöpfen, noch einmal ihm danken, der mir ſeelige Tage in Euch gab. Ihm übergeb' ich Euch. Er iſt mehr, kann mehr als ich — Und nun hin, wo hartes Schickſal meiner wartet, aber mit eiſerner Stimme auch mir zuruft : Zöre nicht ! Millionen Seufzende harren Dein! (ab.)

**Marie.** (ſpringt auf.) Wohin , Maſaniello? (ſich faſſend.) Was wollt' ich denn?

# Dritter Auftritt.

### Genuino. Marie. Franz.

**Genuino.** Iſt Maſaniello da?

**Marie.** Eben gieng er weg, Genuino! Ihr ſeht verſtört aus. Was giebts ? Neues Unglück — Gefahr über ihn ? O Genuino, ihr häuft alle Laſten auf ſein Haupt, bis er erliegen wird. Heraus mit Euren Zeitungen. Ich bin ſein Weib — kann wiſſen, was er wiſſen muß.

**Genuino.** Ich wollt' ihn nur ſehen — Ein Gerücht —

Ma-

**Marie.** Nur sehen? — Was für ein Gerücht?

**Genuino.** Marie! Ihr seyd ein vernünftiges Weib. Ihr habt auch Geist wie ein Mann. Habt Ihr nichts an ihm bemerkt?

**Marie.** Was sollte ich an ihm bemerkt haben? Jedes Wort von Euch schneidet durch meine Seele. Sprecht — und spannt mich nicht auf die Folter.

**Genuino.** Man hat mir gesagt — es sei mit Masaniello's Verstande nicht gar zu richtig —

**Franz.** Das lügst Du — der Vater ist wohl klug.

**Marie.** Der Knabe hat Euch meine Antwort gesagt.

**Genuino.** Ich sage, was ich hörte. Habt Acht auf ihn. Er greift sich zu sehr an. Ich hab' es noch nicht wahrgenommen; aber andere.

**Marie.** Ihr wißt wohl, daß ich Eure Freundin nicht bin, Genuino!

**Genuino.** So? Habt Ihr die Liebeserklärung noch nicht vergessen?

**Marie.** Schweigt von der niederträchtigen Thorheit, die ich vergaß, wie ich sie verachtete. Ich wills Euch sagen, warum ich Euch nicht leiden kann. Ihr seyd eine von den Schlangen, die kriechen, um zu stechen — einer der Achselträger, die mit allen in Bündniß treten, um sich allein zu dienen. Ihr habt Augen wie ein Luchs, um schwarz und weiß auf einmal zu

fehen; eine Nafe wie ein Hund, um das Verber=
ben der Menfchen von weitem zu wittern.    Ihr
habt des Fuchfes Schlauigfeit, und lauft zur rech=
ten Zeit wie ein Haafe.    Ihr fchleicht im Fin=
ftern, wie eine Seuche, und wenn's Licht ift, da
fchminkt Ihr Euch mit den Farben des Molchs.
Und Euch foll man nicht fliehen? Komm Franz.

**Franz.** Die Mutter hat recht — (beide ab.)

**Genuino.** Da hätt' ich ja ein trefliches Ge=
mälde von mir! Thut nichts.    Ich hab euch
vorbereitet.    So wird feine Tollheit Euch nicht
unerwartet kommen; und mir nicht zur Laft fal=
len.    Ich habe dir beigeftanden, Mafaniello,
damit aus uns etwas würde; nicht, damit du
aus andern etwas machteft, und dich und dei=
ne Freunde vergäßeft.    Deine uneigennützige
Großmuth geht ihren gewöhnlichen Schritt zum
Grabe, und du wirft dich mit einem Denkmal,
das gewefen zu fein, begnügen.    Du fchmeck=
teft nicht, was Leben heißt; und wer einmal ge=
noffen hat, der kann fich in deine Sphären der
Einbildung nicht hinauf wirbeln, und Tand
für Gold nehmen. (ab.)

Vier=

# Vierter Auftritt.

(Marktplatz.)

**Herzog Matalone. Herzog Gregorio** beide in verstellter Tracht. **Perrone.**

**Matal.** Er ist seinem Untergange nahe, der Verräther, der mich dem Blutgerüste liefern wollte. Rache tobt in allen meinen Adern; ich werde mich weiden an seinem fließenden Blute.

**Gregorio.** Ist aber alles gewiß? können wir uns auf Euch verlassen, Perrone? Ihr seyd sonst nicht flüchtig in Euren Anstalten. Aber seht, diese ist zu wichtig, als daß man nicht ein Wort darüber verlieren sollte.

**Perrone.** Ich stehe für alles — alles soll gut gehen. Will er, wie wir, so geschieht es heimlich; will er nicht, mit dem besten Anstrich öffentlich. In einer Stunde ist er kalt.

**Gregorio.** Ich bin fremd, mich kennt niemand genau, ich werde in der Nähe bleiben.

**Matal.** Und mich wird unter dieser Verkleidung niemand kennen.

**Perrone.** Das ist nicht genug. Sie müssen sich beide unter das Volk mischen. Wo es nur schicklich ist, da müssen Sie auf die Karaffas schimpfen; nur Don Joseph, Ihren dritten Bruder, erheben. Sie werden genug auf Sich schmähen hören, und wenn Sie es da selbst mitmachen, so denken Sie, es sei nicht

E 2 wahr

wahr, und andere ſcherzen auch nur, wie Sie. Aber den Spaß bei Seite. Wo iſt Don Joſeph?

Matal. Er wird am eiſernen Thor warten.

Perrone. Gut, nun entfernen Sie Sich. Ich höre Lärm. (beide Herzoge ab.)

## Fünfter Auftritt.

**Maſaniello. Genuino. Perrone. Soldaten. Volk, hernach Prinz Tiberio und ein Bote.**

Maſan. Gut, Perrone, daß Du hier biſt. Treffliche Nachricht. Der Lorenzo = Thurm iſt erobert, einer der wichtigſten Poſten mein. Ich habe eine Menge Kriegsbedürfniſſe gefunden, viele Tauſende wieder bewaffnet. Ich habe Muſterung gehalten. Hundert vierzehn tauſend Mann ſind für Neapels Freiheit wirkſam. Ich wollte der halben Welt mit ihnen trotzen. Ich bin glücklicher, als wohl je ein Feldherr war; denn alles gehorcht mir blindlings, und ich kämpfe für eine gerechte Sache, die der Himmel ſchützt.

Perrone. Ein Glück, das Du nicht zu benutzen weißt.

Maſan. Kein Wort mehr, Perrone, oder ich möchte dem Argwohn weiter nachdenken, den ich im Innern fühle, daß es Dir mehr um Eigennutz und Schätze, als um das allgemeine

Wohl

Wohl zu thun ist. Die Winke davon könnten Dir schaden. Wisse, ich würde mich verabscheuen, wenn ich sie denken könnte.

Genuino. Dein Beispiel muß den Seelen Edelmuth geben, die Dir nahe sind. Auch hoffe ich, Du sollst nicht lange mehr kämpfen, ohne das Ziel Deiner Wünsche erreicht zu haben. Stündlich erwartet der Kardinal die letzte und gute Entschließung des Vicekönigs, die allen Streit enden wird.

Masan. Das gebe der Himmel! Dann Genuino, will ich mich auf meine Knie niederwerfen. Laut soll mein Gebet des Danks zu Gott erschallen; und mein Loos bliebe dann in den Händen derer, für die ich arbeitete.

Prinz. (kommt) Signor Masaniello wird vom Kardinal ersucht, in die Kirche del Karmine zurück zu kehren. Die Vergleichspunkte sind vom Staatsrath unterzeichnet angekommen. Nun liegt es an Euch, Neapel den Frieden zu geben.

Masan. Prinz, die Minute sei verwünscht, die ich dazu zögre. Ich verehre Sie; ich weiß wie Sie denken, was Sie thaten. Sie gehören nicht zu den Karaffas, die eine Geißel des Volks sind.

Prinz. Das wolle der Himmel auch nicht. Doch bitte ich für die Karaffas — Was nützt Euch Blutvergießen?

Masan. Prinz! Blut unnütz vergossen, würde Rache gegen mich schreien. Matalonens Blut

nicht

nicht vergießen, würde Verdammniß auf meine Seele laden. Ich weiß, man verkennet mich; und Zeit und Nachwelt werden mich erst beurtheilen. Doch — keinen Augenblick verschwendet! Fort, in die Kirche.

**Ein Bote.** Masaniello! Es sind fünfhundert Banditen zu Pferde in die Stadt gezogen, und nähern sich dem Markte.

**Masan.** Wer hat sie beschieden? wer weiß davon?

**Perrone.** Ich, Masaniello. Ich habe selbst eine Auffoderung an sie ergehen lassen, ihr Handwerk aufzugeben, und der Stadt zu Hilfe zu eilen. Ich habe ihnen Deinen Schutz versprochen.

**Masan.** Wenn sie ehrliche Menschen werden wollen, sind sie mir willkommen, und sollen ihn haben.

**Perrone.** Sie werden es. Die Leute halten alles, was sie versprechen. Sie können Deine Leibwache ausmachen, oder, weil sie zu Pferde sind, die Patrouillen in der Stadt versehen.

**Masan.** Das nicht. Sie mögen erst eine Probe ihrer Besserung ablegen, ehe man ihnen so viel Gewalt in die Hände giebt. Sie sollen absteigen, zu Fuße hier vorbei ziehen, und dann in die Stadt vertheilt werden.

**Perrone.** Masaniello, das hieße sie für ihre Bereitwilligkeit schlecht belohnen. Freiwillige behandelt man nicht so.

**Masan.**

**Masan.** (wild.) Wer hat hier freien Willen als ich? Kein Widerspruch. Ich will.

(Perrone geht ab.)

Vergeben Sie, Prinz. Wachsamkeit muß durchaus den Vorzug hier haben. Nur einen Augenblick. Ich will die Leute vertheilen; dann folge ich.

(Die Banditen ziehen vorbei; von den erstern geben einige Feuer auf Masaniello, den sie aber nicht treffen.)

**Volk.** (schreiend.) Mord! Aufruhr! Mord!

**Masan.** Haut die Verräther nieder! Fangt Perrone lebendig.

(Der Lärm wird allgemein. Die Banditen fliehen; alles ihnen nach; und die Bühne wird leer.)

# Sechster Auftritt.

## Herzog Matalone. Herzog Gregorio.

**Matal.** Es war Tollkühnheit, sagst Du? nichts weniger. Die Banditen verstehen das Wahre. Aber fehlen hätten sie nicht sollen. Tödteten sie ihn, so kam alles auf Rechnung einer übereilten Rachsucht.

**Gregorio.** Und Perrone hätte keinen Dolch gehabt, um dem Uebel noch in die Seite zu kommen?

**Matal.** Bruder! dann war er so gut als todt. Was zaudern wir aber? Wir müssen jetzt fliehen. Der Einfall war gut, daß wir uns unter das Volk mengten.

E 4 Gre-

Gregorio. Ich habe selbst einen Banditen erstochen. Aber Joseph ist nicht am eisernen Thor.

Matal. Er muß sich selbst helfen. Wir können uns um seinetwillen nicht der Gefahr aussetzen. Perrone ist gefangen. Sagt er auf uns aus, so würde uns Masaniello schön belohnen.

Gregorio. Das weiß ich aber auch, bleibt einer von den Banditen am Leben, so ist er todt. So viel Stöße auf einmal, und keiner getroffen; ich begreif' es gar nicht!

Matal. Da kommen Leute. Fort unter das Volk, und auf die Kasaffas geschmäht, bis wir die Felucke erreichen.

## Siebenter Auftritt.

**Masaniello. Perrone** gebunden und geführt. **Volk,** hernach **Gennino.**

Masan. Tritt näher, Abschaum der Menschheit! Schurke am Freunde! Verräther am Volk. Wie ich Dich in der Kirche del Karmine beim Keimen meines Werks traf, und wir uns mit einem Eide verschworen, zur guten Absicht uns beizustehen, da dachte ich: Perrone hat ein biederes Herz. Das Glück hat ihn verfolgt. Er opferte dessen Eigensinn seine Tugend nicht. Er verkaufte ihm nur seine Hände. Er kann eine große That ausführen helfen, und seine Laster

da=

damit versöhnen. Ich wollte dem Volke einen Engel zuführen, und ich habe ihm einen Teufel gebracht. Du hast sogar den Banditen verläugnet; denn die pflegen ja ihr Wort zu halten.

**Perrone.** Und Du wußtest nicht, für was wir arbeiten?

**Masan.** Freilich wiegt man Eure Ehre mit Gold auf. Weil es aber in der Welt noch Menschen giebt, die dessen mehr verschwenden können, als ich darf, so sollten Leute um mich seyn, die nicht dafür feil wären. Ich hätte voraus sehen sollen, daß ich mich im Banditen an den unrechten Mann gewendet. Wessen Zechinen blendeten Dich denn?

**Perrone.** Daß ich Dir das entdeckte!

**Masan.** Geschieht es nicht freiwillig, so geschieht es auf der Folter. Du kennst mich. Hoffe nur nicht mit dem Leben davon zu kommen

**Perrone.** So gäbst Du das Beispiel der schwärzesten Undankbarkeit. Ich habe dich dahin erheben helfen, wo Du jetzt stehest, und Du wolltest —

**Masan.** Schweig! Du standest dabei, wie ich dem Herzog von Matalone das beantwortete. — Ha! wo ist der?

**Genuino.** (kommt.) Masaniello! Alle Banditen sagen auf den Herzog von Matalone und seine beiden Brüder Karaffa aus. Der erste ist aus dem Gefängniß befreit.

**Masan.** Dessen Gold also blendete Dich! Du gabst dem Volke Dein Wort, für ihn zu haf-

E 5                    ten.

ten. Du hintergingſt es und mich mit giftiger
Bosheit. Fort zur Folter mit ihm, daß alle
Bubenſtücke an den Tag kommen. Die drei Karaffas werden aufgeſucht. Ich ſpreche hiermit
das Todesurtheil über ſie aus. Durch dies Bei-
ſpiel ohne Anſehen der Perſon, mögen die Großen erkennen lernen, daß ihre Vorrechte vor dem
übrigen Menſchengeſchlechte ſich bloß auf die edle
Anwendung der Vorzüge ſtützen, die ſie vom
Glück erhielten. — Geht Neapolitaner, ſpürt
jeden Winkel aus, wohin ſie ſich verſteckt haben könnten. — Eines jeden Kopf ſteht in Eurer Hand.

**Volk.** Wir werden ſie ſuchen, finden, und
wären ſie in Abgründen der Erde, und Dich an
ihnen rächen.

*(Perrone wird abgeführt; das Volk zerſtreuet ſich.)*

# Achter Auftritt.

**Maſaniello. Genuino.** (Die Leibwache
in der Ferne.)

**Maſan.** Ich bin müde, Genuino, und meine Laſt fängt an drückend zu werden, ſeitdem
das Unthier, Verrätherei, ſich in meine Haufen
miſcht. Wohin ſoll ich mich wenden? Zu wem
Zutrauen faſſen? Du biſt meine einzige Stütze.
— Geh, Genuino, hole mir einen Trunk fri-
ſchen Waſſers. Die Zunge klebt mir am Gau-
men-

m'n. Aber geh' in kein Haus. Man könnte Dir Gift geben, statt Kühlung.

**Genuino.** Gieb mir Deinen Helm — dort am Brunnen will ich Dir's holen.

(Er giebt ihm den Helm, Genuino spricht in sich.) Du hast Dich an den Engel des Verderbens gewandt. (Er zieht ein kleines Fläschchen aus der Tasche und befeht es.) Ist's doch auch nur Wasser — (er schüttet es in den Helm) Wohl bekomm' es, Masaniello. —— (Er schöpft Wasser dazu, und bringts ihm; Masaniello trinkt begierig.)

**Masan.** Dank Dir, Genuino! Du hast neues Leben in meine Adern gegossen. Es war Schwäche des Körpers, die mich drückte. Alle köstliche Weine hätten die Kraft mir nicht wiedergegeben, die dieser Trunk mir verschafte. Ich werde Dich einst zu belohnen suchen. — Willst Du nicht auch trinken? (Er reicht ihm den Helm.)

**Genuino.** Ich trank schon dort am Brunnen, und Wasser war nie mein Lieblingstrunk.

**Masan.** Der meinige soll er ewig bleiben. Der Wein, Genuino, der Wein hat viele bethört, viele ihres Verstandes beraubt. Ließe ich mich verführen, ihn zu mißbrauchen, ich könnte jetzt den Tyrannen mit dem Retter verwechseln.

## Neunter Auftritt.

**Kardinal Filomarino. Prinz Tiberio.
Zug des Volks** (von Musik begleitet.)

**Volk.** Hoch lebe Philipp, König von Spanien; hoch lebe Masaniello, unser Erretter!

**Masan.** Wollte Gott, es wäre vollbracht!
(Er bezeigt dem Kardinal seine Ehrfurcht.)

**Filom.** Das war ein schreckliches Blutbad, Masaniello. Man hat der Kirche nicht geschont, nicht meines Stuhls, unter den sich die Mörder flüchteten. Ich bin nicht gewichen, so lange ich helfen konnte. Mit dem Todesstoße hab' ich sie mit dem Himmel auszusöhnen gesucht.

**Masan.** Ew. Eminenz müssen mir das Zeugniß geben, daß hiervon nicht Ein Leben auf meiner Seele liegt. Des Herzogs von Matalone Gold machte aus Perrone, der ehrlich zu werden anfing, wieder einen Schelm. So viel taugt dies Metall in den Händen der Edlen. Sie erkaufen damit die Köpfe der Rechtschaffenen, deren Anblick ihnen unerträglich ist. Ich wollte mich des Gedankens schämen: Gold und das Leben des ärmsten Bettelknaben könnten ein Gleichgewicht erlangen.

**Prinz.** Aber auch nicht alle Edle denken wie Matalone, und nicht alle Arme wie Masaniello.

**Masan.** Sie haben Recht, Prinz; und ich verehre die Guten unter ihnen so, wie ich die
Schlech=

Schlechten meines gleichen verachte. Aber wie
weit sind unsere Unterhandlungen?

**Prinz.** Am glücklichen Ende, wie ich Ihnen
schon sagte. Die Kirche, die ein Schauplatz des
Schreckens geworden, konnte nicht der versöh=
nenden Freude zum Aufenthalt dienen; deswe=
nen sind wir zu Ihnen gekommen. Vor allem
grüße ich Sie als den Oberbefehlshaber des
Volks; eine Würde, in der Sie der Herzog von
Arkos bestätigt, und die der Staatsrath, als
gerecht verdient, Ihnen zuerkannt hat.

**Masan.** Würden, Prinz! waren nicht mein
Zweck. Lassen Sie uns hernach davon sprechen.
Haben Sie das Original der Privilegien Karls V.

**Filom.** Hier ist es. Genuino, Sie müssen
seine Aechtheit bestätigen.

**Genuino.** (nachdem er es betrachtet.) Es ist
ächt, ich will das beschwören.

**Filom.** Auch ich kann es beschwören.

**Volk.** Wir glauben Ewr. Eminenz. Sie
werden uns nicht betrügen.

**Filom.** Prinz! lesen Sie die Amnestie=Ver=
sicherung des Vicekönigs dem Befehlshaber und
dem versammelten Volke vor.

**Prinz.** (ließt.) „Philipp, von Gottes Gna=
„den König — Don Roderiko, Ponze de Leon,
„Herzog von Arkos, Vicekönig. Wir verspre=
„chen durch diesen immerwährenden Freiheits=
„brief dem getreuesten Volke dieser getreuesten
„Stadt Neapel, daß von Stund an abgeschaft
„und zernichtet sein sollen alle Zölle und Aufla=
„gen,

„gen, die in dieſer Stadt und dieſen Reichen
„ſeit Kaiſer Karl V. geſeegneten Andenkens,
„eingeführt worden ſind. „Wir verſprechen
„auch allgemeine Verzeihung aller Vergehung,
„ſie habe Namen wie ſie wolle, die während
„gegenwärtiger Unruhe, von Anfang an bis auf
„gegenwärtige Stunde vorgegangen ſein mag,
„alles ſoll todt und vergeſſen ſein. Auch ſollen
„alle vorgefallene Beleidigungen, wenn ſolche
„auch noch nicht von dem beleidigten Theile ver=
„zieben worden ſind, einen Anſtand von vier
„Jahren zum Vergleich empfangen. Gegeben
„auf dem neuen Schloſſe, den 10ten Juli 1647.”

**Filom.** Sehen Sie hier, Signor, die Un=
terzeichnung des ganzen Staatsraths. Sie be=
halten dieſes und die Urkunde in Ihren Hän=
den; und morgen werden die Punkte von allen
beſchworen.

**Maſan.** (In entzückter Freude die Papiere küſ=
ſend.) So halt ich denn wirklich Neapels Befrei=
ung in meinen Händen. So hab ich es durch=
geſetzt, wonach meine Seele ſtrebte und meinem
Geiſt lüſtete. Völker Neapels, Brüder, Men=
ſchen, ihr ſeid frei, los von aller Bedrückung!
Ich habe eure Sicherheit, ich ein armer Fiſcher.
(Er fällt auf ſeine Kniee nieder.) Kardinal! Prinz!
erſt laſſen Sie mich dem ewigen Gott mein
Dankopfer bringen, daß er mein Werk ſegnete.
Gütige Vorſehung! du ſchenkteſt mir den won=
nevollſten Augenblick meines Lebens. Deine
Hand that alles — ich nichts. Aber daß Du
mich

mich hierzu ausersahst, das macht mich glücklich vor meinen Brüdern — (Er steht auf und
küßt dem Kardinal und dem Prinzen die Hand.) Und
nun Ihnen Dank! denn auch Sie wirkten mehr
als ich. — Filomarino und Tiberio müssen
in dem Lobgesange des Volks ertönen. (Er wendet sich zum Volke.) Auf glückliche Neapolitaner!
laßt laute Jubel erschallen! erfüllt die ganze
Stadt mit Freude und Wonne, Schreit es auf
allen Straßen aus, daß Regierung und Volk
versöhnt sei. Neapel feire den Tag seines Wie-
deraufllebens. O Kardinal! Prinz! wie glücklich bin ich —

**Volk.** Es lebe Masaniello! Es lebe der
Kardinal und Prinz Tiberio!

**Genuino.** (dem ein Bote indeß eine Nachricht
gebracht.) Man hat von den Brüdern Karaffa
einen gefunden und getödtet.

**Masan.** Welcher ist es?

**Genuino.** Don Joseph.

**Masan.** So sind auch Ew. Eminenz ge-
rächt. Er hatte Sie einst gröblich beleidigt.

**Filom.** Ich denke nie an Rache, Signor
Masaniello; und auch aus Ihrem Herzen wünschte ich sie verbannt.

**Masan.** Nein, Kardinal, gerechte Rache
müssen Sie nicht tadeln. Prinz, verzeihen Sie
mir! aber diese Brüder hätten eine Welt ermordet, um sich zu erheben. Es muß Strafe
sein. Don Josephs Körper soll den Marktplatz
am Pfahl zieren, und Banditenhäupter ihn umgeben;

geben. Sein Kopf werde in einem Käfig an
den Pallaſt Matalonens gehängt, und ihm die
Unterſchrift gegeben : Verräther des getreuſten
neapolitaniſchen Volks.

Genuino. (vor ſich.) Ich glaube mein Gift
fängt an zu wirken.

Filom. Gelindigkeit, Mafaniello , iſt beſſer
als Strenge.

Maſan. Nur diesmal, Ew. Eminenz, nur
diesmal muß ich widerſprechen. Dieſe wollten
ja alles verderben , eine halbe Stadt in die
Luft ſprengen , Tauſende vergiften. Glauben
Ew. Eminenz gewiß , glauben Sie mir es,
Prinz, ich ſehe in die Zukunft. Ich weiß, was
ich um der Zukunft willen thun muß. Ich ſehe auch mein Schickſal. Wenn ich werde voll-
führt haben, was ich anfing , hört es Völker
Neapels! ich prophezeihe Euch was ihr thun
werdet — dann werde ich euer Opfer werden.
Ihr ſelbſt werdet mich morden, meinen Körper
wie den eines Miſſethäters umher ſchleifen. —
Gedenkt, daß ich es Euch vorher ſagte. —

Volk. Wir wollen für Mafaniello leben und
ſterben.

Prinz. Entfernen Sie jede ſchwarze Grille,
Mafaniello! Das Volk wird den nicht haſſen,
der ſein Retter war. Wir alle werden Sie lieben. Der Vicekönig will, Sie ſollen Befehlshaber des Volkes auch nach hergeſtellter Ruhe
bleiben. Dem man ſo blindlings gehorchte,

der

der ist der beste, diesen Gehorsam auch gegen den Monarchen zu erhalten.

**Masan.** Nein, Prinz, verschonen Sie mich mit der Last. Wenn ich gethan habe, was ich wollte, dann will ich seyn, der ich war; dann will ich in stiller Ruhe überdenken, was ich that; und wenn ich noch lebe, die Macht bewundern die mich unterstützte. Bis die Punkte aber beschworen sind, um dem Vergleiche Gültigkeit zu geben, und den Namen der Rebellion ganz von diesen Unruhen abzuwenden, will ich die Würde des Befehlshabers annehmen; und danke dem Vicekönige mehr im Namen des Volks, als in dem meinigen dafür.

**Filomarino.** Und nun noch eins. Der Herzog von Arkos wünscht den Mann persönlich zu kennen, bittet um den Besuch dessen, den die Herzogin ihm so edel geschildert. ——

**Masan.** Sie hat meiner gedacht, die Herzogin? Gott segne sie, und ich vergebe ihr, daß sie mein Weib verführen wollte. Ich sollte es nicht thun, Kardinal. Ehre ist eine schlimme Klippe; man scheitert daran, ohne es zu bemerken. Ein Besuch beim Vicekönig kann mich leicht stolzer machen, als ich seyn sollte; aber sagen möcht' ich ihm doch, daß alles, was ich gethan habe, nicht wider ihn, nur für das Volk geschehen sey; möchte ihm beweisen, daß er mehr gewinnt, als er zu verlieren geglaubt —— und möchte die Beruhigung haben, aus seinem

F                                                           ei-

eigenen Munde zu hören, daß er mich keiner ei-
gennützigen Abſicht fähig hält.

**Filom.** Alſo morgen, Maſaniello! und ich
werde ſorgen, daß die Pracht Ihres Aufzuges
Ihren Verdienſten entſpreche.

**Maſan.** Pracht? wozu Pracht? der arme
Fiſcher ſoll vor dem Vicekönige erſcheinen. ——

**Prinz.** Nein, der Retter des Volks ſoll es.
Das, Maſaniello, ſind Sie denen ſchuldig, die
Sie vertheidigten.

**Maſan.** Kleider geben niemanden Werth;
und wer ſein Glück darin findet, in Gold und
Silber zu ſtarren, wenn er arm iſt, der verläugnet ſeinen Verſtand.

**Filom.** Wenn er aber reich geworden, würde er ihn durch Eigenſinn verläugnen. Wen
ſeine Verdienſte zu einem andern Stande erheben,
der muß ſich in ihn ſchicken. Der Wohlſtand,
die Aufmerkſamkeit für den, deſſen Perſon der
Vicekönig vorſtellt, erfordern es. Soll ich meine Bitten dieſen Gründen noch hinzufügen?

**Maſan.** Ewr. Eminenz Wille geſchehe. Ich
will als Befehlshaber des Volks auftreten. Es
ſoll das erſte und das letzte mal ſeyn, daß ich
im Schmuck erſcheinen will. Feiert denn, meine Brüder, morgen mit mir Maſaniello's Feſt.
Sein Freudenfeſt und ſein Todesfeſt. Laßt mich
wenigſtens das denken, wenn ihr auch anders
denkt. Wenn ich von der ſchwindelnden Höhe
herab ſehe, ſo muß ich zittern. Betet ihr für
mich, daß ich nicht falle. —— Kommen Sie, Kar-
di-

binal, kommen Sie Prinz! ich will den gefähr-
lichsten Versuch machen, der einem meines gleichen bevorsteht. Ich will sehen, ob ich die Würde ehren kann, die man mir gab. Kann ich es
nicht, so nehme man die Last von meinen Schultern, strafe meine Kühnheit; aber Neapel lasse
man nicht darunter leiden. Es lebe Philipp!
es lebe Arkos! (ab.)

(Der Vorhang fällt.)

### Ende des dritten Aufzugs.

---

# Vierter Aufzug.

---

## Erster Auftritt.

Zimmer Masaniello's: Nacht.

Masaniello. (In köstlichen Kleidern, schwär-
merisch und verwirrt.)

### Masaniello.

Schlafen soll ich, und umher wachen alle Gei-
ster der Nacht. Was belagert ihr meine Seele,
ihr

F 2

ihr unruhigen Schaaren? was bringt ihr Bilder vor meine Augen, die ich nicht ſehen will;
die mir Größe und Glück prophezeien. Arm will
ich ſeyn, arm will ich bleiben. Glaubt ihr,
weil ich dieſe Kleider trage, hätte ich auch den
Geiſt angezogen, den ſie gewöhnlich verbergen
—— den Geiſt des Stolzes und der Herrſchſucht?
Nein —— nein, ſage ich euch —— ich will nie
das werden, was ich hier zu ſeyn ſcheine. (Ein
wilder Phantaſie.) —— Ein Pallaſt mein? das
könnte mir gefallen! —— Ans Meer ſag' ich euch,
in meine Hütte —— Gar ein Thron? — weg
mit dem Geſichte. —— Weicht unbändige Lüg-
ner — Weicht! ich trage keine Krone — Setzt
mir ſie nicht auf — ich trete ſie mit Füßen — Ha
— ſind ſie fort! Wohl mir — (Pauſe.) Aber
doch, Maſaniello, biſt du Befehlshaber — ja,
und das will ich auch ſeyn, bis die Karaffas
todt ſind ⹀ (er klingelt, es tritt jemand ein.)
Bringt mir das Bild des Herzogs von Matalone aus meinem Zimmer, und weckt meine Frau.
Ich will ſie ſprechen — Matalone! nein, du
ſollſt nicht umſonſt Maſaniello nach dem Leben
geſtanden haben. Mächtiger Maſaniello! —
O du Wurm! du biſt weit gekommen — Ganz
Neapel ſteht dir zu Gebot — ſie bücken ſich
alle, und dieſen verrätheriſchen Herzog kann ich
nicht haben? und ich gäbe meine ganze Macht
darum, mich an ihm zu rächen. (Das Bild wird
gebracht.) Stellt es dort hin. (er ſetzt ſich gegenüber.)
Du haſt ein hämiſches Geſicht, Herzog. Wie
mußt

mußt du ausgesehen haben, als Perrone dir meine
Leiche versprach! Da muß sich boshafte Freude in
diesen Mienen gehäuft, und Teufel müssen aus diesen Augen in Gestalt der Engel gelacht haben. —
Kennst du Perronens Schicksal? hast du gesehen,
wo dein Bruder Joseph prangt? so mußt du freilich
zittern vor dem, der dir ein Gleiches bereitet —
(in erneuerter Phantasie.) Du drohest mir, deine
Augen blicken wild auf mich! Blick hinweg, Verräther! oder ich durchbohre dich. — Ach! es
ist ja nur sein Bild. — (er klingelt wieder, man
tritt ein.) Man soll diesem Bilde die Augen aus-
stechen, und es dann an den Pfahl nageln, wo
Don Josephs Körper prangt; man soll darunter schreiben: Matalone, Verräther des Vater-
landes und des Volks! (das Bild wird wegge-
tragen.) Glaubt mir, Matalone und Joseph, der
gerechteste Richter vergilt. Auf der Stelle, wo
ihr den unschuldigen Prinzen von Sanza hinrichten ließet, steht eure Schandsäule.

# Zweyter Auftritt.

## Marie. Masaniello.

Marie Masaniello! Du kannst nicht schlafen? — Könnt' ich Dir doch Ruhe geben!

Masan. Schlafen! wir herrschen in Neapel,
und wollen schlafen? Nein Marie! wir müssen
wachen; wachen und sorgen, für das Wohl des
Volks wachen, wenn es irgend einen räuberi-

schen

schen Edeln giebt, dessen Kopf herunter müßte.
Da darf keine Minute versäumt werden.

**Marie.** Masaniello! Du wüthest gegen den
Adel. Du bereitest Dir den Untergang. Es sind
mächtige Männer darunter; und gute Männer.

**Masan.** Ihre Macht ist dahin. Das Volk
und Masaniello können alles. Wer gut ist, sey
gut — ich habe mit keinen Edlen zu schaffen.
(Pause.) Du sagtest: ich wüthe. Nein, Marie,
da bewahren mich alle Heiligen, daß ich einem
Unrecht thäte. Den Schuldigen strafe ich, den
Unschuldigen laß' ich gehen. Nur in einer gewissen Entfernung von mir, sobald er zum Adel
gehört. Müßt ich sterben und hätte die Wahl,
ich weiß nicht, ob mir die Faust eines Banditen nicht willkommen wäre. - Hab' ich nicht allen befohlen, frey in die Stadt zurückzukehren.
Ich will Ruhe und Frieden, aber Gerechtigkeit.

**Marie.** Ist Strenge immer Gerechtigkeit?

**Masan.** Marie! als die sieben Banditen
auf mich feuerten, und mein Schutzengel mich
bewahrte, hättest Du auch da gesagt: Strenge
ist nicht Gerechtigkeit?

**Marie.** (vor sich.) Gott sey Dank! Seine
Vernunft blickt doch immer noch hervor. — Warum aber hast Du diesen kostbaren Anzug ange-
legt, Masaniello?

**Masan.** Gut, daß Du mich erinnerst. Als
Oberbefehlshaber des Volks muß ich den Vice-
könig besuchen. Das geschieht heute feierlich.
Auch Du mußt die Herzogin besuchen. Du

mußt

mußt Dich in Gold und Purpur kleiden. Für den Knaben ist der Anzug bestellt.

Marie. Der Knabe ist Dein, Masaniello! Du kannst über ihn gebieten, ich kann in seinem Namen nicht bitten. Auch kannst Du über mich gebieten. Aber meine Bitten für mich schlugst Du mir noch nie ab. Wolltest Du mir nicht erlauben, diese Kleidung zu behalten? Sie ist schon über meinen Stand.

Masan. Was ist über Deinen Stand? Nichts, Marie, ist über Deinen Stand. Es giebt keinen in der Welt, den Du nicht noch erreichen könntest — keinen — Du könntest von einer Krone sprechen. —

Marie. Von einer Krone! Siehe mir einmal in die Augen, Masaniello — laß Dir einmal recht tief ins Herz blicken. Du verabscheutest einst diesen Gedanken, und könntest das Wort so kalt aussprechen! Es war nur ein Wort, Masaniello! nicht wahr? Ein Gedanke konnte es unmöglich seyn. Dein Gedanke wenigstens nicht. Beruhige mich, Masaniello! Es war ein fremder Gedanke, ein falscher Keim, dessen Korn ein bösartiger Wind in Dein Herz geweht. — Es war gar kein Gedanke! Nicht wahr, es war nur so hingesprochen mit der Krone?

Masan. Sagte ich denn das? Nennt' ich eine Krone? Ich kann das nicht gesagt haben. Du hast geträumt, oder ich habe mich versprochen. — Du willst also in dieser Kleidung

F 4          blei-

bleiben? Ich gewähre Dir Deine Bitte. Du
bist ja Marie.

**Marie.** (küßt ihm die Hand.) Dank für den
Strahl der Zurückerinnerung. Zürne nicht Masaniello — aber ich kann auch Dich nicht lange
in der Kleidung sehen — Du scheinst mir's
nicht zu seyn, und ich zweifle an der Möglichkeit, daß Du Dein Versprechen halten, und
den Putz mit der Kleidung eines Küstenbewoh-
ners vertauschen könntest.

**Masan.** Du zweifelst? zweifle an nichts;
Siehest Du den Mond dort? er steht hoch am
Himmel; aber ich zweifle gar nicht, daß ich ihn
herunter holen könnte, wenn ich nur wollte.
Masaniello kann alles. (Pause.) Glaube das nicht,
Marie. Masaniello kann nichts.

**Marie.** (vor sich.) Gott! was wird das für
ein Ende nehmen?

**Masan.** Aber ich glaube, Marie, Du bist
noch nicht zu Bette gewesen?

**Marie.** Nein! noch nicht. Ich habe für
Dich gebetet. Ich hätte nicht schlafen können;
so lange ich Dich unruhig weiß, kann ich's auch
nicht. —

**Masan.** O ja, Du kannst es. Wenn Du
zu Bette gehst, so gehe leise, ich will auch ein
wenig schlafen. Geh zu Bette, Marie. (rasch.)
Nun, Du wolltest mir nicht gehorchen? (sanfter)
Du glaubst, ich bin krank. Nichts weniger
Marie! ich bin nie gesünder gewesen; und ich
bitte

bitte Dich recht sehr, gehe nun, Du bedarfst
Ruhe.

**Marie.** Ich gehorche Dir, Masaniello, ich
gehe. Aber ich nehme folternde Aussichten mit
mir; Engel fielen, und Könige stürzten von ihrem Thron. Fallen kann ich Dich sehen; und
von seiner Höhe in die Tiefe, in der er war,
versetzt, soll mir Masaniello um so willkommner
sein. Aber das sag ich Dir: Nimm all Dein
Denken, all Deine Standhaftigkeit zusammen
— um Masaniello zu bleiben — denn Dich
unedler als ihn sehen, — das kann Dein
Weib nicht tragen. (ab.)

**Masan.** (sieht ihr lange nach.) Sie ist Marie,
und bleibt Marie. Sie hat recht. Mannich-
mal ist mirs, als wenn es mit meinem Kopfe
nicht gar zu richtig stände; als wenn Stolz sich
mit dem Gefühl des großen Werks, das ich
ausgerichtet, Rachsucht mit gerechter Rache ver-
mengte. — Aber das thun die nächtlichen Gei-
ster um mich her. Ich werde ein wenig schlafen. — Schlaf, Masaniello, schlaf! (Er fährt
im Augenblick erschrocken auf.) Was? Perrone lebt?
Gesulne ist ein Verräther? Soll ich den alten
Kopf auch noch abschlagen lassen? Er ist ja kein
Karaffa, nicht einmal ein Edler!

F 5　　　　　Drit=

# Dritter Auftritt.

### Genuino. Mafaniello.

Genuino. Ich höre, Du befindest Dich nicht wohl, Mafaniello?

Mafan. Wohl befinde ich mich immer, wenn ich keine Schurken um mich habe.

Genuino. So hoff' ich, befindest Du Dich jetzt im besten Wohlseyn.

Mafan. Du hoff'st das nur — höre einmal, Genuino, wenn ich nicht dumm bin, so solltest Du das wohl gewiß wissen. Wenn Du nur hoff'st, so muß ich schon zweifeln. Ich gäbe etwas mehr als meinen kleinen Finger darum, Genuino, wenn ich jetzt in meiner Fischerhütte fäße, und alles was ich gethan, nicht, nicht gethan, sondern vergessen hätte, daß ich's gethan.

Genuino. Das wird sich alles geben, wenn Du erst ausgeschlafen.

Mafan. Ausgeschlafen? meinst Du, ich hätte einen Rausch? Doch ja — ich bin trunken von der Bosheit der Menschen. Gäb es keine boshafte, so würde Mafaniello sich vortreflich befinden. — Du hast einen schlauen Kopf, Genuino; und den abzuschlagen, wäre Schade und auch nicht Schade. Nun rathe mir einmal was ich thun soll? — Du verstummst — Wahrhaftig; ich möchte wissen, was Du mir riethest. — Du schweigst wieder? — Nein,

Du

Du bist noch nicht reif. Komm, wir wollen Neapels Straßen durchwandern, und sehen, ob meine Befehle befolgt werden. Kannst Du für Deinen Kopf nicht rathen, so wird es Dir doch für andere nicht schwer werden. Siehe, Genuino, ich kann die Würfel der Zukunft jetzt werfen, wie ein falscher Spieler, und Ewigkeit geben, wem ich will. (beide ab.)

## Vierter Auftritt.

(Neues Kastell. Audienzzimmer des Vicekönigs.)

### Olivie. Vicekönig.

**Olivie.** Arkos! ich zittre vor dieser Veränderung.

**Vicekönig.** Ich habe Ihren Willen erfüllt, Gemahlin. Sie sehen, was Olivie über den Herzog vermag — vermag, daß er den Vicekönig bei Seite setzt.

**Olivie.** Ich kann Ihnen noch nicht danken, Arkos! Es sollte mir leid thun, wenn Sie sich aus dem Gefühl Ihres Herzens so wenig machten, daß Sie diese Epoche mit einer schwarzen That beschlössen. Der feierliche Empfang Ihres Feindes —

**Vicekönig** O der ist es nicht allein — Ich habe auch Ihnen ein Fest bereitet. Ihre neue Freundin, die Gattin des Oberbefehlshabers, kommt mit. Es thut mir wahrhaftig leid,

leib, daß es nicht in meiner Macht stehet, sonst
würde ich ihn zum Herzog von St. George er-
nennen.

**Olivie.** Könnt ich das für Ernst nehmen,
Arkos, so würde ich mich kindisch freuen. Aber
bei allem Ihren Schatze von Verstellung, haben
Sie es noch nicht zu der Meisterhöhe gebracht,
mich zu hintergehen; und ich sehe deutlich, wie
unwillig Sie bei dem sind, was Sie thun müssen.

**Vicekönig.** Wenn Stolz in theilnehmende
Empfindlichkeit übergeht, dann ist sie gemeinig-
lich ansteckend; und das Uebel taugt nicht für
Vicekönige. Ich kann es nicht läugnen, ein
Kupferstich, wie ich dem Fischer hier Audienz
gebe, würde sich in Spanien theuer verkaufen
lassen, und bald würde Madrid alle Lächerlich-
keiten vergessen, die es bisher unterhielten.

**Olivie.** So denken und anders — ganz
entgegengesetzt handeln, läßt sich ohne Hinter-
halt nicht denken, und in dem mag für Masaniello eben nicht das Beste lauern. Sie sind
mit meiner Denkungsart bekannt, wissen, in
welcher Absicht ich Sie verließ, und was dazu
gehört, mich in meinem Entschlusse wankend zu
machen. Es giebt nur Einen Masaniello; sonst
hätte die Herzogin von Arkos sich nicht der Vor-
schläge geschämt, die sie, ganz nach den Grund-
sätzen Ihrer Politik, seinem Weibe that. Glauben Sie mir, Arkos, mein Herz ist diesem Um-
stande viel Verbindlichkeit schuldig.

Pi-

**Vicekönig.** Die Sie ihm in der Stille ab=
zutragen weit beſſer thun würden , als daß Sie
mich zu Ihrem Vertrauten machen.

**Olivie.** Vergeben Sie, Gemahl, wenn ich
glaubte, noch etwas über Ihr Herz zu vermö=
gen. Ich ſehe, dieſe Hoffnung iſt vorüber, ich
werde alſo den Herzog vergeſſen, und nur den
Vicekönig vor mir ſehn.

**Vicekönig.** Ich hoffe, es ſoll eine Zeit kom=
men, wo wir wieder in einem andern Tone re=
den. Bis dieſe Epoche vorüber iſt, kann ich
Sie nicht beruhigen, wenn mein Betragen Ih=
nen anders Unruhe verurſacht. — Ich höre
unſre Gäſte kommen. Man muß ſich Zwang
anthun, ſie ſehen zu laſſen , daß ſie uns will=
kommen ſind. (Sie ſetzen ſich auf ihre Stühle.)

(Der Zug kommt vor; Maſaniello wird vom Kardi=
nal und Prinzen Tiberio geführt ; ihm folgen Ge=
nuino und viele Edle; dann kommt Marie , die
zwei Kammerfrauen der Herzogin führen , und
zwei andere den kleinen Franz. Der Herzog um=
armt Maſaniello, die Herzogin Marie , mit wel=
cher ſie in ein anderes Zimmer geht , und die
Damen folgen ihr.)

## Fünfter Auftritt.

**Vicekönig. Maſaniello. Filomarino.
Tiberio. Genuino und andere Edle.**

**Vicekönig.** Willkommen, Maſaniello, Held
und Freund! Feind kann ich ten großen Mann
nicht

nicht nennen, der edel handelt; wenn auch Unrecht sich in diese seine Handlungen mischt.

**Masan.** Verzeihen Sie, Herzog, daß ich Sie unterbreche. Wäre das, so könnte ich nicht so vor Ihnen erscheinen; hätte nicht mit der offnen Stirn vor ganz Neapel mich zeigen können. Der Mann, der sich nicht selbst bei einer Unternehmung im Sinn hat, die Tausend neben ihm nicht wagen; der voll Vertrauen auf die gerechte Sache dem Tod entgegen geht, den man schon vor ihm in der Reihe seiner armen Ahnen duldete, der muß ein gutes Gewissen — das beste haben. Unrecht muß seine Seele nicht kennen. Ich stehe hier vor Ihnen, und gebe mich in Ihre Hände. Ich bin bereit, dem Mann, der den Monarchen von Spanien hier vorstellt, Red und Antwort vom Kleinsten zu geben, was ich that. Ich weiß, Sie sind nicht abgeneigt gewesen, dem Volke Gerechtigkeit zu verschaffen. Sie vermögen aber der Unterdrückung nicht zu widerstehen, die der Eigennutz Ihren Planen zuwider aufthürmte.

**Vicekönig.** Man ist nicht zu tadeln, Masaniello, wenn man den Mann nicht ehrt, den man nicht kennt. Euch sind die vergangenen Unruhen in Neapel nicht unbekannt. Ihr wißt, was für Männer sie erregten. Sie wirkten zum Verderben des Volks. Ihr seyd der Retter desselben. Nehmt meinen Dank.

**Masan.** Wohl dem Volke, Ew. Durchlaucht, wenn Sie diese Gesinnungen behalten,

wohl

wohl ihm, wenn Sie immer sein Freund blei-
ben! Aber mein Lob lehne ich ab. Es gebührt
Gott, der mich aufrief, Verräthern verdienten
Lohn zu geben; Herrschern selbst Schutz zu seyn.
Er hat gezeigt, wie schnell kindischer Anfang
zum reißenden Strom werden kann, der den
Lauf verderbter Regierungen durchschneidet.

**Vicekönig.** Das ist hart gesprochen, Masaniello.

**Masan.** Hart für die, die das Uebel wirkten; nicht hart für die, die es gern ausrotten
möchten, und nicht können. Der Regent kann
der beste Mann seyn, und die Regierung taugt
nichts.

**Vicekönig.** Davon sprechen wir unter vier
Augen, Masaniello. Nun, ich hoffe man ist
zufrieden mit mir, und jede Folge dieser Unruhen gedämpft?

**Masan.** Allerdings ist man zufrieden. Das
Volk jauchzt darüber, daß die goldnen Zeiten
Kaiser Karls des Fünften wieder hergestellt sind;
und Arkos Namen werden die Jahrbücher bei
der Epoche erneuerter Freiheit, wie den Namen
eines Schutzgottes nennen. Neben ihm werden
Filomarino und Tiberio glänzen.

**Vicekönig.** Wackre Männer, denen ich öffentlich meinen Dank bezeuge —— Masaniello, der
Kardinal und Prinz Tiberio werden mit Euch in
mein Kabinet gehen, wo wir verschiedenes berathschlagen wollen. (Er wendet sich zur Versammlung.) Die übrigen entlasse ich.

Der

(Der Kardinal und Tiberio gehen mit Mafaniello auf einer Seite ab; die andern, bis auf Genui-no, auf der andern.)

**Genuino.** Der Befehl galt mir wohl nicht?

**Vicekönig.** In der That nicht, und ich ge-stehe Euch eine Schwäche, die ich nicht leicht gestehen würde. Ich muß alle meine Fassung zusammen nehmen, um nicht verlegen zu wer-den. In diesem Betragen Mafaniello's lag doch auch nicht einmal eine Spur von Tollheit.

**Genuino.** Das war ein leichter Zwischen-raum, Ew. Durchlaucht. So nennen wir Künst-ler in der Tollmacherei gleich den Aerzten die Augenblicke, in denen die Natur über die Arze-ney siegt. Mafaniello hat allein schon gestern Abend und diese Nacht mehr Tolles ausgeführt, als daß man es zehn Vernünftigen vergeben könnte, wenn man es unter sie vertheilte.

**Vicekönig.** Ich will Euch glauben. Soll-te aber Euer Gift ausgewirkt haben, so denkt auf andere Mittel. Es kann Euch nicht schwer werden einzusehen, daß ich diesen kindischen Schutzgott Neapels nicht länger vor Augen se-hen kann, der ohne das gaffende Erstaunen der Menge, und ohne die unzeitige Bewunderung so vieler Thoren nie so weit gekommen wäre. — Spannt also Euren Geist zur Thätigkeit, und für Belohnung sorgt nicht. Geht! (Genuino ab.)

Ich sollte alles, was ich gethan, nicht als einen Traum ansehen? Sollte diesen Mafaniello wirklich syn laßen, was ich zum Schein ihn

*wer-*

werden ließ? Sollte mit ihm wetteifern, wer
am besten regierte, oder könnte mir es einfal-
len lassen, mit ihm über Staatskunst zu strei-
ten? Arkos! was würde man in Spanien sagen, wenn man den Fischer als Befehlshaber
des Volks bestätigen müßte? (ab.)

## Sechster Auftritt.

### Marie. Franz.

**Marie.** Hier soll ich sie erwarten, und sie
will allein mit mir reden. Nur keinen neuen
Vorschlag, wie jener es war. Herzogin! so
gut Sie mir jetzt scheinen, so warm mein Herz
für sie schlägt — jenen Antrag kann ich noch
nicht vergessen.

**Franz.** Mutter! Du hast mir nicht die Wahrheit gesagt. Sieh'st Du, daß ich schöne Kleider habe, und der Vater auch? und der Vater
hat ein schönes Pferd geritten, und viele Diener hinter sich gehabt. Das andere, was ich
gesagt habe, wird bald nachfolgen.

**Marie.** Franz, Du bist ein Prophet des
Unglücks, wenn das wahr wird.

**Franz.** Nein, ich glaube der Großmutter
mehr, als Dir. Warum sollte der Vater nicht
auch ein großer Mann werden können?

**Marie.** Er kann es, Kind. Denn viele,
viele hat das Glück schon aus dem niedern
Stande erhoben; aber selten nur erhielt es sie

auf der Stufe. Sie fielen wie sie stiegen, so
lange sie rechtschaffen blieben. Und verließe der
Vater diese Eigenschaft, so wäre er nichts mehr,
als ein gewöhnlicher Mensch, und wenn er noch
so hoch stiege! und weniger, als gewöhnlicher
Mensch, weil Natur und Erziehung ihn zum
rechtschaffnen Mann bildeten, und er dann sie
ganz verläugnen würde. Wer unter Unrecht
aufgewachsen ist, und gesehen hat, wie man
Unrecht zu Recht verdreht, der ist minder ta-
delnswerth, als der sich vom kleinsten Vergehen
den Begriff des größten Lasters machte.

## Siebenter Auftritt.

**Olivie,** die die letzten Worte gehört. **Die
Vorigen.**

**Olivie.** Marie! was Du eben sagtest, zeugt
Muth in mir, Dich um Deine Verzeihung zu
bitten. Schon oft schwebte diese Bitte auf meiner Zunge. Der Auftritt in Deinem Hause läßt
sich mit nichts, als dem entschuldigen, was
Dein Mund jetzt zu meiner Vertheidigung vor-
brachte. Vergieb, daß Politik, zu der ich von
Jugend auf nicht bloß angewiesen, mit der ich
auch beschäftigt wurde, gerade an Dir ihr Meisterstück auszuführen suchte. Es war der erste
Versuch, und ich zürne nicht, daß er mißlun-
gen ist. Das Schicksal, das mich mit einem
weichen Herzen geboren werden ließ, wollte
durch

durch Dich mich von der Härte zurückbringen,
zu der Stolz und Konvenienz mich verleitet;
ich danke Dir und Ihm dafür.

**Marie.** Ich muß Sie um Vergebung bitten,
Herzogin. Ich konnte einem Herzen wie das
Ihrige mißtrauen! Ich fürchtete — ich wills
Ihnen nicht läugnen, ich fürchtete von Ihrer
schelmen Unterredung eine ähnliche Entdeckung.
Ich habe nicht geglaubt, daß die Großen dieser
Welt auch Menschen sein können, denn man hat
mir immer das Gegentheil gesagt. Jetzt sehe
ichs, und danke dem Himmel, daß ichs sehe.

**Olivie.** Man sagt, ich wäre stolz, Marie;
auch bin ichs. Ich läugne nicht, daß meine
Geburt und mein Schicksal mich über vieles in
der Welt wegzusetzen scheinen. Allein über Deine edle Seele nicht. Vor ihr beuge ich mich,
bitte Dich um Deine Freundschaft, und glaube,
daß keiner Monarchin innige Umarmung mir die
Deinige bezahlen würde. Könnte ich nur, so
wie ich wünsche, ganz Dein Glück im Augenblick, und im ganzen Umfange befördern.

**Marie.** Sie thaten viel für mich und Masaniello, Herzogin, das weiß ich; aber ich
wähne, daß alles nichts helfen wird. Mein
armer Mann, so wohl er allen — so glücklich
er Ihnen zu sein scheint, leidet an seiner Seele, und wird bald der unglücklichste sein, den
Neapels Mauern einschließen.

**Olivie.** Das wird nicht so bleiben. Er hat
mit dem Herzog von Arkos eine Unterredung

gehabt, die seinem Verstande und Herzen gleiche
Ehre macht. Alle Höflinge sind von ihm ent-
zückt. Jene Verirrungen waren körperliche
Schwachheit, und Erholung wird diese ganz
vertreiben.

**Marie.** Wollte Gott, Sie sprächen wahr.
Könnte ich in Ruhe und Frieden einst meinen
Mafaniello an mein Herz drücken, und Ihnen
dankbar die Hand küssen, Herzogin, dann wäre ich beneidenswerth, selbst gegen Sie zu ach-
ten. Aber die Auftritte meines Lebens haben
mich schüchtern gemacht, dem Glücke irgend noch
etwas zuzutrauen —— Und doch —— ich bin
undankbar —— Gab es mir nicht erst vor eini-
gen Augenblicken Sie?

**Olivie.** Und Dich mir —— Komm an mein
Herz, laß uns die Schranken vergessen, die
Menschen zwischen Menschen setzten, und unser
Bund sei ewig und unzertrennlich:

(Sie umarmen sich, indem tritt Mafaniello ein.)

# Achter Auftritt.

**Mafaniello,** der eine goldne Kette um den
Hals trägt, die er vom Vicekönige erhalten.
## Die Vorigen.

**Mafan.** Gott, welcher Anblick! Ist denn
der heutige Tag dazu bestimmt, mit augenblick-
lich erneuerten Freuden mich zu tödten? Ich bin
vom Vicekönige geehrt, als wäre ich seines glei

**chen,**

hen, und finde mein Weib in den Armen der
Herzogin! Mächte des Himmels! erhaltet mich,
daß ich nicht meine Denkkraft überlebe.

**Olivie.** Masaniello! ich sagte es Euch, ich
wollte suchen, Euch zu versöhnen mit Volk und
Herzog. Hab ich wenig dazu beigetragen, so
war doch mein Wille der beste. Er mag mir
Vergebung von Euch auswirken, daß ich erst
wider Euch Böses im Sinn hatte —

**Marie.** Ein Böses, aus dem so viel Gutes entstanden ist, verliert seine Eigenschaft,
und Masaniello hat das lange erkannt — Und
nun Masaniello, fort, mir nach, wohin Du
zu gehen versprachst, und das bald. — Komm,
Franz, bitte den Vater, daß er jetzt gleich seine
Prophezeihung vernichtet, daß wir uns nicht
so friedlich wieder sehen würden.

**Franz.** Ja, Vater, sei gut, und liebe uns.
Aber, Mutter, nimm Du mir auch nicht meine schönen Kleider, und laß dem Vater sie auch;
sie stehen ihm so gut.

**Marie.** Franz, Franz, Du kränkst Deine
Mutter.

**Masan.** Nicht doch, Marie. War er es
nicht, der da sagte — ich sollte nicht König
von Neapel werden? Das werd ich nicht, aber —

**Marie.** Wenn dies aber schrecklich ist, so
sprich seine Folgen nicht aus.

**Masan.** Ist die Umarmung einer Herzogin
Dir schrecklich, und kannst Du in der Fischerhütte Ansprüche darauf machen?

Ma

**Marie.** O weh, Herzogin, meine Hoffnungen sind dahin! — Ich bin getäuscht — vom Glück — von den Menschen — von Mafaniello —

**Mafan.** Von Mafaniello — Marie, getäuscht? Soll ich nicht sagen, Undankbare! — Doch nein! Du kannst nicht fühlen, was ich fühlte. Du hast nicht gethan, was ich that. Sieh mich doch an. Diese goldne Kette bekam ich vom Vicekönige. Er selbst hing mir sie um. Ich wehrte mich lange dagegen; denn ich wähnte, mit ihr würde meine Freiheit zu Ende gehen. Aber da er im Namen des Monarchen von Spanien mit mir sprach, da durfte ich mich nicht lange wehren; und — wer einmal eine solche Kette trägt, der darf nicht wieder Fischer werden. Was staunst Du mich an, Marie?

**Marie.** Ich suche meinen Mafaniello, und finde ihn nicht.

**Mafan.** O Du wirst von ihm reden hören, Herzogin! Nicht wahr, Sie glauben auch, man werde von mir reden?

**Olivie.** Ganz gewiß, Mafaniello; und ich hoffe, nichts als Gutes.

**Mafan.** Weiber! Ich sehe es euch an den Augen an, daß ihr nicht von mir denkt, wie ihr sollt. Wenn ihr wähnt, Mafaniello wisse nicht, was er thue, so irrt ihr euch. Ich bin nicht der König der Spanier, auch nicht der Neapolitaner Regent — aber ich beherrsche, wen ich will.

Ma-

**Marie.** Nur Dich selbst nicht, unglücklicher Mann.

**Masan.** Heißt mich nicht unglücklich. Es kann nur jemand unglücklich seyn, und dieser jemand mögte ich nicht seyn. Wer seinen Verstand verloren hat, Marie, nur der kann unglücklich seyn. Wolltest Du wohl, daß ich meinen Verstand verloren hätte? — Du schweigst! — Ha, Weiber, ihr glaubt wohl, ich habe ihn schon nicht mehr? Wartet, ich werde zeigen, daß ich ihn habe.

**Olivie.** Masaniello! Kränkt euer armes Weib nicht. Seyd gelassen.

**Masan.** Gelassen will ich seyn, gegen Sie, Herzogin, die arme Marie, und meinen Franz, und gegen die gute Welt. Aber die ist jetzt sehr klein; und gegen die andere, die nichts taugt, will ich toben — wüthen — rasen — wenn sie meinem Befehle, gut zu werden, nicht folgt. Wenn euch jemand etwas zuwider thut, Weiber, so kommt zu mir. Ich will euch schützen, Herzogin! Es gab eine Zeit, wo Masaniello Fische verkaufte; wo diese ihm leid thaten; wie sollte er zugeben können, daß Menschen verkauft würden! — Und doch giebt es gewisse Menschen, die Masaniello an die Küsten der Barbarei als Sklaven zu liefern fähig wäre. Es ist gewiß, Marie, wenn der Kleine groß, und der Große klein wird; so giebt es einen Punkt, wo sie beide vollkommen gleich sind. Ich mögte

euch)

euch gern noch mit mehr solchen Dingen aus der Wahrheit ohne Schminke unterhalten; aber les't das feine Buch selbst; denn meine Scharfrichter, die auch wackre Leute sind, warten auf mich. Um aber doch etwas von mir zurückzulassen, so laß ich euch die Bitte, wenn ihr etwa Matalone seht, so laßt ihn doch zu mir kommen.

(ab.)

**Marie.** Haben Sie es nun nicht selbst gehört, Herzogin, wie unglücklich ich bin?

**Olivie.** Fasse Dich, liebes Kind, es wird besser werden —

**Marie.** Zu fassen brauch' ich mich nicht; gefaßt bin ich auf alles. Aber noch will ich thun, was ich kann. Ein Mittel bleibt mir ihn zu retten. Liebe ist sein Grundstein, und die Vorzeit hat es erbauet. Schlägt es fehl, so geht meine Hofnung zu Trümmern, und wahrscheinlich auch mein Leben: Aber das will ich nicht erwarten. Ihnen will ich es entdecken, Herzogin, und Sie werden mir dazu behülflich seyn. Aber kommen Sie in Ihr freundliches Kabinet. Hier könnten Horcher mir meine Freude verderben; und ihr Triumph, es gethan zu haben, wäre fähig, mich noch elender zu machen, als ich es bin.

(alle ab.)

## Ende des vierten Aufzugs.

———

Fünf=

# Fünfter Aufzug.

(Neues Kastell. Zimmer des Vicekönigs.)

## Erster Auftritt.

**Vicekönig. Prinz Tiberio. Kardinal Filomarino. Genuino.**

### Vicekönig.

Sie sind zu mir berufen worden, meine Freunde, damit wir uns über das Schicksal des unglücklichen Masaniello berathschlagen. Wahnwitz wüthet in dem Gehirn des Armen, und Grausamkeit ist die schreckliche Folge seiner Verwirrung. Ein Rasender, dem so viele Tausende zu Gebote stehen, trotz seiner Gemüthsveränderung noch fest an ihm hangen, ist fürchterlich genug, um alle Maaßregeln zur Sicherheit zu nehmen. Jeder muß ihn schonen; und ich habe mich, um mich selbst vor Meuchelmord zu schützen, wieder auf das Kastell begeben. Ich verlange den Rath der Versammlung. Ist ihm zu helfen, so verölete ich keine Mittel dazu. Ist ihm nicht zu helfen, was soll man thun?

G 5　　　　**Filom.**

**Filom.** Zu seiner Wiedergenesung ist keine Hoffnung da, wenigstens nicht für eine kurze Zeit; und die nahe Zukunft läßt schreckliche Auftritte von ihm erwarten.

**Prinz.** Er hat dem Fürsten von Zellomare in einem Gespräche, in dem des Königs von Spanien Erwähnung geschah, gesagt: die Sonne scheine auf keinen einzigen Kopf, den er nicht Fug und Recht habe, abschlagen zu lassen; und wenn er zur Zeit das Urtheil noch nicht über den größten Monarchen gefällt, so sey es bloß unterblieben, weil er nicht wisse, ob er den Herzog von Matalone in Schutz nehmen werde.

**Vicekönig.** Die Erklärung ist schrecklich. Ohne Wahnsinn gethan, verdiente sie den Tod eines Majestätsverbrechers. Im Wahnsinn gesagt, ist sie fürchterlicher, als jene. Also — Ihr Entschluß, Kardinal?

**Filom.** Wäre, ihn zu überreden, die Oberherrschaft niederzulegen, und dann ihn an einen wohlverwahrten Ort zu entfernen.

**Prinz.** Wozu seine Verwandten selbst die Hand bieten würden, die schon durch ihn leiden. —

**Vicekönig.** Eure Meinung, Genuino. Ihr wart am meisten um ihn, kennt seine Gesinnungen am besten.

**Genuino.** Ich bitte hier schweigen zu dürfen. Er war, und ist mein Freund. Ich schätze seine Größe. Ich habe gemeinschaftlich mit ihm gearbeitet. Ich bedaure ihn. Ich kann

der

der unerreichbaren Größe kein vernichtendes Urtheil fällen.

**Vicekönig.** Ich errathe Euch. Edle Freundschaft verdrängt den scharfsinnigen Blick in das
wahre Beste. Der gefangene Masaniello, wenn
schon wahnsinnig, wird immer Gegenstand der
Anbetung des Volks bleiben. Ueber kurz oder
lang können sie, über Kleinigkeiten schwierig,
ihn befreien: und er, der jetzt mit einer besänf-
tigten zufriedengestellten Menge nicht mehr so toben kann, wird mit einer wütenden eine halbe
Welt umkehren können. Der todte Masaniello
kann nur Andenken seiner Größe erndten, und
das ist unschädlich.

**Prinz.** Aber es ist hart, einen Mann zu
morden, der, obschon strenge, doch noch keine
überwiesene Ungerechtigkeit beging. —

**Filom.** Wenn Ew. Durchlaucht es auf Sich
nehmen wollen, ich ziehe mich heraus.

**Vicekönig.** Ew. Eminenz wollen mit Blut
nichts zu thun haben?

**Filom.** Ich sah dessen schon so viel schuldig
fließen, als daß ich das unschuldige noch dazu
vergossen wünschen sollte.

**Genuino.** Ich wage eine Bitte an den Vicekönig, und sie ist die, nachzugeben, und dem
Kardinal und Prinzen Tiberio beizustimmen.

**Vicekönig.** Auch Ihr bittet für ihn? —
Ich könnte wollen, befehlen und ausführen;
allein leutselig, wie ich bei diesem ganzen Vor-
fall war, will ich auch dieser Ueberstimmung
nach-

nachgeben. Allein unter der Bedingung: Sie,
Kardinal, versuchen sogleich, was Sie über ihn
vermögen, ehe mehr Unheil geschieht. Sie Prinz,
suchen die Ottinen, und die Anführer der Be-
wafneten zur Einwilligung in seine Gefangenschaft zu bewegen.

**Filom.** Ich will sogleich den Unglücklichen
aufsuchen.

**Prinz:** Und ich will mich noch diesesmal zum
Opfer wagen, um dem Herzoge von Arkos zu
zeigen, daß der Monarch von Spanien hier be-
liebter ist, als der Vicekönig es denkt.

(ab mit dem Kardinal.)

**Vicekönig.** Genuino! Ich müßte mich sehr
irren, wenn diese Eure schnelle Veränderung
nicht ihren Grund hätte.

**Genuino.** Das nun wohl allerdings. Es
fiel mir ein, der Herzog von Arkos könnte leiden, wenn er zu strenge auf Masanello's Tod
bestände.

**Vicekönig:** Sein Tod ist also doch nicht außer Eurem Plan? — und Euer Gift —

**Genuino.** Wirkt, wie gesagt, für die sich
ereignenden Umstände zu langsam. Es giebt
aber in Neapel einen Mann, der sich gern einen großen Namen machte, der eben mir gesagt,
daß er den ersten Sekretair Masanello's, Vi-
tale, ermordet, und daß das Volk dazu ge-
schwiegen:

**Vicekönig.** So! die Nachricht ist nicht übel.
Wie heißt der Mann?

Ge-

**Genuino.** Arbizzone, Hauptmann der Ottine. Er hat drei Gehülfen, nicht minder entschlossen, als er selbst ist.

**Vicekönig.** So steckt doch diesem Arbizzone so schnell, als möglich, daß Masaniello's Kopf gerade so viel werth sei, als der seines Feindes, des Herzogs von Matalone —— daß dreißigtausend Skudi hier im nächsten Zimmer zum Eintausch abgewogen stånden —— Und im nåmlichen Zimmer, Genuino, steht ein Kasten, der Gold enthält, und dessen Schlüssels hier Ihr euch bedienen könnt. (Er giebt ihm einen Schlüssel.)

**Genuino.** Den werd ich zu brauchen nicht ermangeln; doch erst, wenn alles vorüber ist. Er soll mich für den Verlust des Freundes Masaniello schadlos halten; und ich glaube, ich werde ihn wohl zårtlicher lieben, und sorgfältiger aufbewahren, als diesen. (ab.)

**Vicekönig.** Das Wetter wird bald vorüber seyn; aber Zeit dazu ist es auch. Ohne diesen bösartigen Freund meines Feindes hätte meine politische Laufbahn ihr Ende erreichen können. Wenn alles ans Tageslicht kåme, was im Verborgenen geschieht, so würde manche Trophåe eines Helden in nichts zerfallen, weil gerade sein Plan, den der Zufall störte, die gewonnene Schlacht verloren hätte; manche Tugend würde als Laster dastehen, weil Laster der Zweck, Tugend die unwillkührliche Wirkung der Handlung war; und manches Monarchen anscheinen-

dt

de Liebe zum Volk würde nacktes Bild von Eigenliebe bleiben.

## Zweyter Auftritt.

### Olivie.   Vicekönig.

**Vicekönig.** So traurig, Herzogin? und nicht einmal Ihrem Gemahl eine verstellte Freude darüber, daß sein Feind bald ihm nicht mehr furchtbar ist?

**Olivie.** Sein Feind? — Doch Sie zu überzeugen, daß er Ihr Freund ist, dazu gehört mehr als eine Olivie. Ich komme, Sie um etwas zu bitten.

**Vicekönig.** Die Herzogin von Arkos hat immer nur zu befehlen. —

**Olivie.** Seit einiger Zeit ist das Befehlen bei uns beiden zum Räthsel geworden. Meine Bitte betrifft Marien. Die trefliche Gattin des unglücklichen Mafaniello wünscht der Schutzengel für seinen Untergang zu werden. Sie bittet den Vicekönig um ein Geschenk. —

**Vicekönig.** Eine schöne Frau; und die Freundin der Herzogin kann um nichts bitten, was ihr nicht gewährt werden müßte.

**Olivie.** Um eine Fischerhütte am Strande des Meeres.

**Vicekönig.** Welch ein Einfall! und Sie waren nicht im Stande, ihr das auszureden?

Oli=

**Olivie.** Ich verlor kein Wort deswegen. Sie sagte: sie kenne kein anderes Mittel ihn wieder zu seiner Vernunft zu bringen, als ihn auf das zurückzuführen, was er war; und sie schildert die Möglichkeit der Macht dieses Mittels so darstellend, daß man es schon wirklich ausgeführet glaubt.

**Vicekönig.** (verlegen) Das möchte der armen Frau wohl viel Freude verschaffen. — Ihr Wunsch sei ihr gewährt. Geben Sie ihr die Nachricht; und zugleich lasse ich Ihnen freie Gewalt, ihn in Erfüllung zu bringen.

**Olivie.** Wie soll ich Ihnen danken, Arkos? Siegt Menschlichkeit einst in Ihnen über Stolz und Politik, so werden Sie einer der glücklichsten Regenten werden. (ab)

**Vicekönig.** Diesmal irrten Sie sich wieder, Olivie. Wahrhaftig, Sie haben mir recht bange gemacht. Das Mittel Marions könnte wirksam seyn. Gut, daß es diesen Arbizzone in der Welt giebt. Ich wußte nicht, wie ich dem Vorschlage ausweichen sollte, den Filomarino und Tiberio nach allen Kräften unterstützen würden. — Und doch werde ich dem Glücke so lange mißtrauen, bis meine dreißigtausend Studi in Sicherheit sind.

(ab.)

Drit=

# Dritter Auftritt.

(Kloster del Karmine.)

Genuino. Masaniello wieder in der ersten schlechten Kleidung.

Masan. Ich hab' ihn abgelegt, den stolzen Schmuck, den ich nicht mehr tragen mag. Mein Lauf ist vollbracht. Der Vergleich ist beschworen. Das Volk ist frei. Ich war sein Monarch, sobald ich wollte. Ich will es nicht seyn. Genuino! Geh, die Bildhauer sollen Säulen bereiten, und darauf schreiben: Masaniello verbietet, ihm weiter zu gehorchen; nur dem Vicekönig soll man gehorsam seyn. — Du gehst nicht? — Du denkst, ich kann nicht mehr befehlen, weil ich mein Kleid vertauscht, nicht mehr an meinem Halse trage das Ehrenzeichen, das Arkos mir im Namen des Monarchen umhang? Wart! ich werde zu Hause eilen, alles noch einmal anlegen, um nur Deinen alten störrischen Kopf noch in Ordnung zu bringen.

(Er will ab, Genuino hält ihn zurück.)

Genuino. Bleib, Masaniello! Ich werde Dir gehorchen; aber ich erwarte den Kardinal hier, der mir befohlen hat, Dich nicht wegzulassen, bis er mit Dir geredet.

Masan. Der Kardinal, ja, das ist doch ein Mann. Ich wollt, er wäre Neapels Vicekönig. Dann hätte kein Fischer nöthig, seine

Klei-

der zu vertauschen, um das Volk zu retten,
und — verrückt zu werden. (Es gehen einige
Menschen durch die Zimmer.) Siehst Du — das
sind noch Banditen. Mach ja, daß sie gleich
hernach getödtet werden.

## Vierter Auftritt.

### Ardizzone. Die Vorigen.

**Masan.** Gieb mir Deine Hand, Ardizzone!
Du bist ein braver Mann. Du wirst für einen Helden gehalten. Hätt' es länger gewährt,
so wärst Du nicht Hauptmann der Ottine ge-
blieben.

**Ardizzone.** Dank für Deinen guten Willen,
Masaniello. Ich befand mich so recht wohl.

**Masan.** Du weißt nicht was Du sprichst,
wenn Du glaubst, man könne sich nicht immer
besser befinden, als man sich wirklich befindet.
Bist Du mit dem Bierkönige verwandt, oder
gar mit dem Matalone?

**Ardizzone.** Ich denke, Du kennst mein
Herkommen.

**Masan.** Ich meine dem Geiste nach. Schätz-
chen sei nicht böse.

**Ardizzone.** (zu Genuino heimlich.) Ich dächte, es wäre Zeit. Er hat mich noch dazu ver-
spottet.

**Genuino.** (wieder leise.) Ums Himmelswil-
len! jetzt nicht. Ich darf nicht dabei sein.

H                                    Auch

Auch muß ihn der Kardinal erst sprechen. Ich werde mit dem Kardinal weggehen, dann kannst Du es vollführen.

**Masan.** Das heimliche Reden schickt sich gar nicht. Dankt ihr dem Himmel, daß ich mein Blutgericht nicht bei mir habe, sonst wärs um euer Leben geschehen.

**Ardizzone.** Länger halt ich mich nicht. (Er zieht sein Schwert, indem tritt der Kardinal ein, vor dem er zurückschreckt.)

## Fünfter Auftritt.

### Kardinal Filomarino. Die Vorigen.

**Filom.** Was ist das?

**Masan.** Ew. Eminenz, ich habe kaum meinen Würden entsagt, so rühren sich die Mücken, die ich hätte zertreten können. — Wißt, Ardizzone, dergleichen Mittel mein Leben zu beschützen, wie dieser würdige Mann jetzt war, hat der Himmel tausende in Bereitschaft. Verlaßt uns. Menschen eures Schlags müssen nicht hören, was Edelgesinnte sich entdecken. Genuino, geh mit ihm, daß er nicht horche.

(Genuino und Ardizzone stillschweigend ab.)

Und nun, Ew. Eminenz (er wirft sich dem Kardinal zu Füßen.) bitte ich Sie knieend, retten Sie mich von meinem Elend. Ich vermag meine Last nicht mehr zu tragen. Hier ist mein Brief an den Vicekönig. Senden Sie ihm den-

sel-

selben zu. Ich entsage allem, was seine Gü-
te mir schenkte.

**Filom.** (hebt ihn auf.) Ich glaube es, Masaniello, daß Euer Seelenzustand nicht der an-
genehmste ist. Euer Herz war voll Liebe gegen
Eure Mitbrüder, und Euer Mund mußte über
viele das Todesurtheil aussprechen. Ihr lern-
tet Gesinnungen kennen, die vorher Euch verborgen waren. Bosheit und Verrätherei, bei
ben nächsten um Euch entdeckt, machte Euch
alle verdächtig; und Argwohn ließ Euch Urthei-
le fällen, ohne zu untersuchen. Könnt Ihr
gleich Euch von Ungerechtigkeit reinigen, so
könnt Ihr es doch nicht von Uebereilung. Deswegen lobe ich Eure friedlichen Gesinnungen,
die Eurem Geiste die Ruhe wieder geben werden, deren Ihr genoßt, als Ihr nichts weiter
wart, als Masaniello.

**Masan.** (küßt ihm die Hand.) Diese Worte
gießen Trost in meine Seele. Mein Kopf leidet, Ew. Eminenz; und wilde unbändige Wünsche rasen oft in meiner Brust, die ich verflu-
che, wenn ich zu mir selbst komme. Entledi-
gen Sie mich meiner Sünden. Dem Monarchen Spaniens haben meine halbwachen Träume das Scepter entrissen, und seine Krone setz-
te meine freche Hand dem Fischer aufs Haupt.
Daß ich den nicht konnte, weiß ich; denn immer Ew. Eminenz, bin ich nicht verrückt; und
so wie Licht in meine Seele kommt, sehe ich
mich, wie ich bin. Wenn es länger so dauert,

ſo könnt es noch wunderlicher mit mir werden.
Mein entfleiſchter Körper, meine zerrüttete Ge-
ſundheit — mein verlohrner Verſtand, mein
bedauernswürdiges Weib — mein vaterloſer
Sohn, könnten mich alle aufregen, die Urheber
meines Unglücks zu ſuchen, und eine Rache ge-
gegen ſie in mir entflammen, die meine Pflicht
überwältigte. — Weit weg alſo von jedem Ge-
genſtande, der dazu beitragen kann! — Eine
Schaale der Vergeſſenheit, Kardinal; und Sie
ſind dann der Arzt meiner Seele. — O daß
ich nie mehr wüßte, was Maſaniello that!

**Filom.** Ihr könnt es vergeſſen ——

**Maſan.** Wo? wie? Reden Sie, mein
Retter!

**Filom.** Geht an den Strand des Meeres,
wo Ihr ſonſt wohntet! Laßt Marien, die ſanf-
te Marie, die einzige Begleiterin ſein. Sie
wird die Wuth ſtillen, dir Eure menſchenfreund-
liche Seele durch Auftritte erhielt, an die Ihr
nicht gewöhnt wart. Sie wird jeden Gedanken
an dieſe Unruhen von Euch entfernen, und
hervorrufen in Eurem Gedächtniß ſelige Zeiten
der Armuth, die Stille und Zufriedenheit be-
gleiteten.

**Maſan.** Ja, Ew. Eminenz, das will ich.
Ich verſpreche es Ihnen hier in Ihre Hand.
Ich gehe in die Kirche, um Ihren Seegen zu
empfangen. Dann will ich noch einmal zum
Volke reden. Ich will ihm ſagen, daß keine
größre Wolluſt ſei, als Königreiche zu verachten

ten und Schätze wegzuwerfen. Ich will sie
überzeugen, daß Glückseligkeit nur in der Zu=
friedenheit eines jeden mit dem Loose besteht,
das ihm zugefallen ist. Ich will mein ganzes
Unglück schildern, und jeden bitten, sich durch
mein Beispiel warnen zu lassen. Es ist schön,
Kardinal, dem Volke Freiheit zu erhalten und
Rechte zu erkämpfen; aber es ist schrecklich, so
dafür zu leiden, wie ich; es ist grausend, sich
daran gewöhnen zu müssen, Menschenblut zu
vergießen; und es ist bei allem Unglück noch
ein großes Glück, einen Freund wie Sie zu
finden, ohne den Masaniello ein blutgieriger Ty=
rann werden würde.

(Ab ins Innerste des Klosters.)

**Filom.** Herr aller Kronen, und Schöpfer
jedes Wurms! wer wagt es, deine Wege zu
meistern! oder zu dir zu sagen: mache dein
Werk anders! Aber zu dir zu beten, das gebo=
test Du selbst. So bitte ich dich denn: wenn
ich heißen Seegen, zu dem du mich beriefest,
auf das Haupt dieses Mannes lege, so laß ihn
wirksam sein. Rette ihn von seinem Seelen=
kummer, rette ihn vom Spott seiner Feinde.
Laß Freude, die er Millionen schuf, ihm nicht
ganz vorüber gehen. Doch in allem geschehe
dein Wille!

(ab)

H 3 Sechs=

# Sechster Auftritt.

### Ardizzone.  Mafaniello.

**Ardizzone.** (stürzt mit seinem Haufen ein)
Signor Mafaniello! Signor Mafaniello!

**Mafan.** (der im Innern des Kloſters die Worte
gehört, tritt herein.) Was iſt, meine Brüder?
Hier iſt Mafaniello — Euch treu bis in den Tod:

**Ardizzone.** (der mit allen über ihn herfällt, und
mit vielen Stichen ihn durchbohrt) Es lebe Philipp
in Spanien, und Mafaniello ſterbe!

**Mafan.** O ihr Undankbaren! o ihr Verräther! (er ſinkt und ſtirbt.)

**Ardizzone.** Er iſt todt! er iſt todt! Ruft
es durch alle Straßen. Breitet das Gerücht in
Stadt und Land aus. Mafaniello iſt todt, und
Philipp und Arkos leben.

(Sie tragen den Körper mit ſich ab)

# Siebenter Auftritt.

(Zimmer der Herzogin von Arkos)

### Olivie.  Marie, hernach Genuino.

**Olivie.** Deine Bitte iſt Dir gewährt, gutes liebenswürdiges Weib! Heute noch ſollſt
Du in Beſitz eines Eigenthums geſetzt werden,
um das Dich niemand beneiden wird, als ich,
da ich es fühle, daß Du dort glücklicher ſein
wirſt;

wirst, als ich in meinem Glanze. Der Augenblick Deiner Bekanntschaft, Marie, hat mir ihn verhaßt gemacht.

**Marie.** Preisen Sie mich nicht zu früh selig, Herzogin. Kettete mich nicht mein Vorhaben an den Augenblick dieser Minute, ich wollte Ihnen mein Herz öffnen, und Sie würden sagen: es giebt kein unglücklicheres Geschöpf; aber so muß ich eilen, daß ich ihn finde, ehe meine Ahndungen in Erfüllung gehen.

**Genuino.** (tritt ein) Alles ist verloren! Alles dahin! Neapels Freiheit hat ein Ende.

**Marie.** Gott! so ist Masaniello todt!

**Genuino.** Ermordet! schändlich ermordet!

**Olivie.** Ermordet?

**Marie.** (auf Genuino zufahrend) Schändlich ermordet! Giftiger Verräther! und Du kannst mir die Nachricht bringen! Du? — Das thaten seine Feinde nicht, die hatten gewiß nicht den Muth, ihn zu morden; denn sie fühlten seine Größe; aber seine Freunde neideten sie, die thatens. Alter Bösewicht! laß es in der Hölle ausposaunen, was Du gethan, damit die Teufel jubeln. Dein Werk war es gewiß. Du glaubst nur einen Menschen gemordet zu haben? — Zittre! Du hast die Seele eines ganzen Volks gemordet; den Fluch, den der Weltrichter über Dich aussprechen wird, mag ich nicht mit Dir theilen. Herzogin, die Natur ist mit ihrem Schöpfer zerfallen. Sie hat sein Meisterstück untergehen lassen. Ha! ich muß

sehen, ob dieser Masaniello wirklich todt ist,
oder ob meine Stimme ihn nicht ins Leben zu-
rückrufen kann.

(Stürzt ab; die Herzogin will ihr nach; der Vicekönig kommt zu einer andern Thür herein, und
hält sie zurück)

# Achter Auftritt.

## Vicekönig. Die Vorigen.

**Vicekönig.** Bleiben Sie, Herzogin. Dem
tobenden Schmerze muß man nie Einhalt thun,
wenn er nicht in Verzweiflung ausartet; und
die glaube ich, haben wir bei Marien nicht zu
fürchten.

**Olivie.** Diese Kaltblütigkeit, Arkos, ver-
räth nichts Gutes. — Haben Sie Theil an dem
Morde, so haben Sie etwas gethan, wegen
dessen ich Sie nie ohne Schauder wieder ansehen kann.

**Vicekönig.** Darüber beruhigen Sie Sich.
Eine Sache, die Masaniello in jeder Stunde
erwarten mußte, kann auf keines Menschen
Schultern gelegt werden. Glauben Sie denn,
daß Rache für die, die er hinrichten ließ, schläft?
Ich wundre mich, daß er so lange das Leben behalten. Ein halbes Jahr, Olivie, läßt uns
diese Geschichte vergessen. Trösten Sie die
Wittwe, so gut Sie können. Sorgen werde
ich für sie. Sie ist zu schön, um vergessen zu
wer-

werden. Ihr Mann starb, von mir zum Oberbefehlshaber des Volks ernannt. Der Stand Martens ist jetzt so übel nicht.

**Olivie.** Wenn ein Masaniello leicht vergessen wäre, so hätten Sie Recht. Ich wünsche, Arkos, daß Sie Sich nicht nach einem halben Jahre mehr an ihn zurückerinnern, als Sie es jetzt thun. Der todte Masaniello kann nicht gegen die Beschuldigungen des Adels für Sie auftreten; und mit einer Fischerhütte wäre der Verstand eines Mannes, den man einst vielleicht sehr nöthig hat, nicht zu theuer erkauft gewesen. Ihre strenge Politik hat wahrscheinlich keine Parallele zwischen Matalonens und Masaniello's Leben gezogen. Der Admiral von Kastillen könnte seinen Spott an dieser Scharte auswetzen; und mein Haus möchte den Glanz unter Arkos Flügeln etwas minder ehrenvoll verdunkelt sehen, als da Gott und Natur mit dem Leben des vorigen Monarchen ihm denselben entzogen.

(ab.)

**Vicekönig.** Was die Herzogin sagte, bleibt unter uns, Genuino. Ich glaube, ich kann Eure Zunge bezahlen.

**Genuino.** Sie ist schon mit Gold überwogen, Ihr Triumph, Herzog, ist aber herrlich. Alles schreiet Ihnen Leben und Jubel zu. Man hat den Körper Ihres Gegners gemißhandelt. Don Joseph ist abgenommen und begraben.

Vi-

**Vicekönig.** Kurzsichtiger Mensch! der Taumel wird nicht lange dauern. Kaum wird ein Tag vergehen, so wird Neapels Volk einsehen, was es verlor. Sie werden den gemißhandelten Körper hervorsuchen, und wie mit einem Heiligen mit ihm verfahren. Aber, merkt Genuino, daß ein todter Körper auch todte Leidenschaften erregt. Lebendig und wirkend können sie nie werden. Damit aber keiner Verdacht auf uns werfe, so werde ich Befehl geben, daß auf den ersten Wink eines solchen Vorfalls alle meine Edelknaben mit Wachsfackeln erscheinen, und meine Leibwache dem Trauerzuge folgen soll. Keines der kriegerischen Ehrenzeichen soll bei seinem Begräbniß unterbleiben.

**Genuino.** Ich muß Ew. Durchlaucht bewundern. Das Mittel wäre mir nicht eingefallen, so sehr auch mein eignes Interesse dabei gewinnt.

**Vicekönig.** Auch muß ich Euch eine Zeitlang so wenig als möglich sehen. Und überhaupt thätet Ihr wohl, die Neapolitanischen Staaten auf einige Zeit zu verlassen, und mir nur geheime Nachricht von Eurem Aufenthalte zu geben. Ich kann nicht wissen, was ich etwa für oder wider den todten Helden noch zu thun gezwungen bin.

**Genuino.** Ich verstehe alles. Ich fülle meine Taschen, nehme einen Paß auf einen andern Namen, und habe in einer Stunde Neapel im Rücken. (ab.)

Vi-

**Vicekönig.** Und mit dir ist alles aus Neapel entfernt, was man von mir weiß. Und deine Flucht sichert mich vor deiner eignen Denkungsart; denn wenn Masaniello ganz so war, wie man sagt, so war es immer ein grosses Bubenstück ihn zu verrathen. Mein Werk hat das indeß erleichtert. Ich zittre jetzt vor nichts mehr. Matalone ist nicht fürchterlich. Einem Hunde, der an der Kette liegt, kann man leicht ausweichen; und die Kette an die ich den ganzen Adel fesseln will, soll dieser Aufruhr seyn. Ihn will ich Spanien als den geheimen Urheber, als den Fortpflanzer desselben schildern. Von den Reichthümern, die Masaniello ihm geraubt, will ich die unersättlichen Goldgierigen um den Thron her schwelgen machen. Sie mögen mit Klagen um Ersatz ein halbes Jahrhundert zubringen, indeß Arkos im Frieden die Früchte einer so gefährlichen Gährung genießt, und Spanien ihn lobpreist, daß er so klug das Böse zum Guten wendete.

(ab.)

# Neunter Auftritt.

(Zimmer in Masaniello's Wohnung.)

**Marie, hernach Laura und Franz.**

**Marie.** Nicht einmal wiedersehen soll ich dich, Masaniello! Sie haben deinen Körper weggeschleist, dich behandelt wie einen Misse-

thä-

thäter. Hätten es deine Feinde noch gethan;
aber sie, für die du dich geopfert; die Undankbaren haben deine Prophezeiung nur zu wörtlich
erfüllt. Hätt' ich mir das träumen sollen, daß
keine Glocke über dich geläutet, kein Seegen über
dich ausgesprochen werden würde? Deinen Tod
wähnte ich oft — aber diesen nicht — O, daß
ich verwirrt wäre, wie du; nichts wüßte von
alle dem; daß Furien in meinem Gehirn wü-
theten und zur Rache mich aufreizten! Aber ich
kann das nicht. Der Geist der Sanftmuth, der
dich in deinen letzten Tagen verließ, ist doppelt
auf mich gekommen. Vergeben kann ich nicht,
aber rächen auch nicht!

*Laura.* (kommt mit Franzen an der Hand)
Auf Marie, wir wollen uns retten. Die Wuth
des Volks ist so heftig, als es erst die Liebe
war.

*Marie.* Retten? wie wollt ihr uns retten!
Mutter? stehen nicht auf allen Straßen Neapels die Gaffer, die unser Elend und unsere Schande mit fröhlichen Blicken betrachten? spottete
man meiner nicht auf's empfindlichste, als ich
vom Pallaste der Herzogin hieher eilte, rief man
nicht: durchlauchtigste Frau! mir nach, und
wollte mir ins Angesicht speien? Das trage,
wer da kann; ich nicht!

*Laura.* Auch soll'st Du es nicht tragen.
Die Anstalten zu unserer Flucht sind von mir so
geheim und so vortheilhaft gemacht, daß niemand
uns verfolgen kann.

Franz.

**Franz.** Mutter ſieh nur die ſchönen Steine und Gold, was die Großmutter hat.

**Marie.** (küßt den Knaben innig.) Franz! Du lebſt noch! o daß Du nicht mehr lebteſt! Dein Vater iſt todt; und mit ihm ſind wir alle todt.

**Franz.** O nein, die Großmutter hat geſorgt. Sie wird uns ſchon das Leben erhalten; und ſie hat mir geſagt: ich ſoll, wenn ich groß bin, meinen Vater rächen.

**Laura.** Marie! regt der Gedanke Dich nicht zum Leben auf! Wollteſt Du ihn nicht erziehen, um Deinen Maſaniello zu rächen?

**Marie.** Nein, Laura, ich würde ihn nicht dazu erziehen. Rache mag ſüß ſeyn, aber ſie ſchläft immer den Schlaf des Gottloſen. Und an wem ſoll' er ihn rächen? an einem ganzen Volk, an einer Menge Unglücklicher, Verblendeter, und Undankbarer? Franz, bleib Du bei mir; und ich will den Vorſatz erſticken, der in mir aufkeimte. Dein Vater wollte ſtill ans Ufer des Meers zurückkehren. Ich will die ihm erbetene Fiſcherhütte für mich behalten. Da wollen wir gemeinſchaftlich arbeiten, und arm leben. Wollt Ihr das, Mutter, wollt Ihr entſagen alle dem Raube, den Ihr geſammelt?

**Laura.** Nein, das thu' ich nimmermehr. Ich will noch anfangen das Leben zu genießen. Man ſoll nicht von Lauren ſagen können: ſie verjagte das Glück mit eigenen Händen. Nicht wahr, Franz, Du kommſt mit?

**Franz.**

**Franz.** Ja, ich gehe mit Euch. Die Mutter wird sich auch schon bewegen lassen.

**Marie.** Rechne nicht darauf, Franz. Du hast durch Deine Wahl mich losgemacht von allem, was mich noch an die Erde kettete. Jetzt gehöre ich ganz allein Masaniello an. Mutter! thut nun, was Ihr wollt. Ich gehe, suche so lange, bis ich den Winkel finde, wohin sie ihn geschleppt haben; küsse ihn noch einmal, und dann — (sie umarmt den Knaben.) Lebe wohl Franz — lebt wohl, Mutter; flieht — Ihr beide seht mich nicht nieder.

(ab.)

**Franz.** (will ihr nach) Mutter! Mutter!

**Laura.** Sie wird schon kommen, Franz. Sie wird ausschwärmen, und dann froh seyn, wenn wir sie aufnehmen. Das fehlte noch, daß die Feinde Masaniello's Weib, Mutter und Sohn im Elend säßen und sagten: das hat der große Held zu Stande gebracht! das sind seine Thaten! — Mein Franz, Du sollst groß werden; sollst die Tapferkeit Deines Vaters, sollst alle seine Tugenden von mir lernen; aber das Hirngespinnst, die Aufopferung will ich aus Deiner Seele verdrängen, wenn ja ein Keim dazu von ihm in Dich gekommen. Bedenke, daß Dein Vater jetzt herrschen könnte, und wähle jetzt Bettler zu seyn. —

**Franz.** Aber die Mutter —

**Laura.** Willst Du bleiben? — Gut, so gehe ich —

**Franz.**

Franz. Nein, Großmutter, ich will alles, was Ihr wollt. (beide ab)

# Zehnter Auftritt.

### Großer Saal im Kastell.

Masaniellos prächtiger Sarg, mit Wachslichtern umgeben, Edelknaben in Trauer. Leibwache. Der Kardinal. Die Herzogin in Trauer. Marie, die sich über den Sarg biegt und Masaniello küßt.

Marie. Herzogin, Sie haben mich schön überrascht. Man hat Masaniello's Verdienste erkannt; man hat mir einen nagenden Wurm aus meiner Seele gerissen. O Kardinal! unaussprechlich ist die Wonne dieses Augenblicks. Er ist todt: sagen Alle: für mich ist er nicht todt. Für mich wird er bald leben. In dem Augenblicke, da er den Anzug ablegte, der seinem Herzen nicht angemessen war, wurde sein Tod ihm zum Leben — in dem Augenblicke, da mein Sohn mich verließ, wurde mein Tod mir zum Leben. Wir sind vollkommen gleich.

Olivie. Was sprichst Du, Marie? von Deinem Tode mußt Du nicht reden. Eine Freundschaft wie die unsrige, muß nicht so bald getrennt werden.

Filom. Und in Marien muß das Volk Masaniello leben sehen, und seinen weisen Anordnungen folgen; und die Großen müssen vor ihr

sich

sich scheuen, wenn sie das widerrufen wollen, was sie beschworen haben.

**Marie.** Herzogin! Gott weiß es, Ihre Freundschaft ist mir ein Kleinod, das ich nicht schätzen kann; aber sie wird mir im Andenken bleiben. Meine Freundschaft ist nichts für Sie, als eine Last, die Se nur mühsam mit Ihren Verbindungen vereinigen können; und das Andenken daran wird Ihnen mehr seyn können, als sie selbst. Sie, Kardinal, wollen Wunden heilen, die nur ich heilen kann. Die Großen scheuen nichts, und —— (sie wendet sich zu Masaniello's Sarg.) was dieser nicht konnte, das wird ein wimmerndes Geschöpf, wie ich, nicht vollbringen. (Sie drückt beider Hände an ihre Brust) Ich glaube nicht leicht, das ein Mensch zwei beßre Freunde fand, als ich hier habe; und doch — ruft der dort mir stärker. Ich vertausche ein Paradies, aber ich vertausche es mit einer Seeligkeit. Kardinal! Ihren Seegen.

**Filom.** (legt die Hände auf ihr Haupt) Von ganzem Herzen; den besten, den ich herabzubeten vermag.

**Marie.** (zieht, indem sie sich zum Kardinal bückt, heimlich einen Dolch hervor) Und nun zu Masantello! (sie ersticht sich.)

**Olivie.** (die sie in ihren Armen auffängt.) O wehe, was hast du gethan, Marie!

**Filom.** Ich spreche sie frey. Ihre Asche sei heilig! (Der Vorhang fällt.)

### Ende des letzten Aufzugs.